Tanja Steinbach

Stricken

Lustige Kindersachen

Tanja Steinbach

Stricken

Lustige Kindersachen

Für Kinder zwischen 2 und 6 Jahren

AUGUSTUS

Vorwort

Stricken liegt im Trend. Und für Kinder stricken macht großen Spaß. Jeder Wunsch der Kleinen kann erfüllt werden: ein Pulli in der Lieblingsfarbe oder das lange gesuchte Jäckchen passend zum Kleid. Vorbei auch die Zeiten, als die mühevoll gestrickten Teile in der hintersten Ecke des Kleiderschrankes versteckt wurden, immer in der Hoffnung, dass Mama das kratzige, altmodische und viel zu enge Teil schon vergessen hat. Moderne Designs in tollen Farben, lockere Schnitte und kuschelweiche, angenehme Materialien machen jedes Modell zum absoluten Lieblingsstück.

Die kleinen Größen sind schnell gestrickt, und so lässt das erste Erfolgserlebnis auch nicht lange auf sich warten und macht Lust auf mehr. Die Modelle lassen sich individuell variieren und durch passende Accessoires, wie eine lustige Mütze oder ein kleines Spieltier, ergänzen. So haben Sie auch schnell einmal ein persönliches Geschenk für den Nachwuchs der besten Freundin. Ob Sie nun auf die vielseitige Auswahl an Modellen aus diesem Buch zurückgreifen oder die Anregungen in eigene Kreationen umwandeln möchten, dieses Buch hilft Ihnen dabei.

Für jedes Modell gibt es eine ausführliche Anleitung in zwei Größen. Eine separate Größentabelle gibt Ihnen zusätzlich noch die Möglichkeit, den einen oder anderen Pullover in jeder gewünschten Kindergröße nachzustricken. Eine detaillierte Grundanleitung im Baukastensystem hilft Ihnen, das ganz persönliche Wunschmodell anzufertigen. Ein kleiner Lehrgang begleitet Sie fachmännisch beim Stricken von Socken. Für die etwas ungeübtere Strickerin, oder wenn es mal besonders schnell gehen muss, haben wir ein paar Ideen zusammengestellt, wie Pullis schnell und dekorativ mit lustigen Knöpfen, einfachen Stickereien oder Häkelmotiven individuell verändert werden können.

Alle Modelle in diesem Buch sind mit Schachenmayr-Garnen gestrickt. Sie sind pflegeleicht und können fast alle auch in der Maschine gewaschen werden. Und die vielfältige Farbauswahl bietet einen großen Spielraum für die eigene Kreativität.

Mit vielen Tipps rund ums Stricken wird Ihnen der Einstieg erleichtert, so dass der Realisierung Ihres Lieblingsmodells nun nichts mehr im Wege steht.

Viel Spaß dabei wünscht Ihnen

Ihre Tanja Steinbach

Inhalt

Material und Technik

Garne und Nadeln

Verwenden Sie immer die in der Anleitung angegebene Wollqualität, dann werden Sie lange Freude an Ihrem Werk haben. Ob Sie Stricknadeln aus Metall, Holz oder Bambus verwenden, ist Geschmacks- oder Gewohnheitssache, auch ob Sie lieber mit Schnellstricknadeln oder Rundstricknadeln arbeiten. Keine Kompromisse sollten Sie jedoch bei der Nadelstärke eingehen. In den Anleitungen werden meist mehrere Stärken empfohlen. Welche für Sie die richtige ist, hängt davon ab, ob Sie fest oder locker stricken: Wer fest strickt, wählt dickere Nadeln, wer locker arbeitet, nimmt dünnere.

Maschenprobe

Auch wenn Sie noch so gern sofort mit dem Modell anfangen möchten – fertigen Sie zunächst immer eine Maschenprobe mit dem Originalgarn an.
Nur dann können Sie entscheiden, welche Nadelstärke für Sie die richtige ist. Wenn Sie erst einmal ein ganzes Stück wieder auftrennen mussten, weil es viel zu groß oder zu klein geraten ist, werden Sie sicher nicht mehr auf die Probe verzichten. Stricken Sie mit dem Originalgarn und der angegebenen Nadelstärke ein ca. 12 cm mal 12 cm großes Quadrat im angegebenen Muster und behandeln Sie es wie das Modell: Feuchten Sie das Strickstück an, spannen Sie es leicht und lassen Sie es trocknen. Zählen Sie dann im Mittelteil des Strickstücks Maschen und Reihen von 10 cm Höhe und Breite aus. Randmaschen sowie Anschlag- und Abkettreihen werden nicht mit ausgezählt. Vergleichen Sie Ihre Werte mit den Angaben in der Anleitung. Haben Sie mehr Maschen und Reihen gezählt, wechseln Sie zu dickeren Nadeln, ist die Zahl kleiner, stricken Sie zu locker und müssen dann dünnere Nadeln verwenden.

Pflege

Alle Pflegehinweise finden Sie auf der Garnbanderole. Heben Sie immer eine Banderole mit etwas Garn und einem Hinweis auf das gestrickte Modell auf, damit Sie sich jederzeit wieder über die richtige Pflege informieren können. Auch wenn Sie das Modell verschenken, sollten Sie immer eine Banderole mit Garnrest dazulegen.

Kreuzanschlag mit doppeltem Faden

Der Anschlag wird mit einem einfachen und einem doppelten Faden gearbeitet. Der Zusatzfaden muss mindestens doppelt so lang sein, wie der gewünschte Anschlagrand breit ist. Den einfachen Faden (vom Knäuel) über den Zeigefinger, den doppelten Faden von außen nach innen über den Daumen der linken Hand legen und mit den übrigen Fingern leicht festhalten.

Für die Anfangsschlinge die Mitte des Zusatzfadens zusammen mit dem einfachen Faden fassen. Für die 1. Masche den doppelten Faden von außen nach innen über den Daumen legen, die Nadel um den äußeren (vorderen) doppelten Faden führen und den einfachen Faden durchholen. Die Masche anziehen. Für die 2. Masche den Doppelfaden von innen nach außen über den Daumen legen, die Nadel um den inneren Faden führen und den einfachen Faden durchholen. Die Masche anziehen. Die 1. und 2. Masche immer im Wechsel bis zur erforderlichen Maschenzahl arbeiten. Dann noch 1 Rückreihe links stricken und weiter im Grundmuster arbeiten.

Umrechnen von Pullovern

Wenn Ihnen ein Modell in diesem Buch gefällt und Sie die gewünschte Größe nicht finden, können Sie mit dieser Tabelle die Strickanleitung umrechnen. Stricken Sie Baby- und Kinderpullover besser immer eine Nummer größer als gerade passend. Wir haben für Sie eine Tabelle erarbeitet, in der Sie die Maße für Pulloverbreite und -länge sowie die obere Ärmelbreite und Ärmellänge finden. Hierbei handelt es sich natürlich nur um durchschnittliche Werte, die Sie individuell verändern können. Bei dickeren Garnen oder für Jacken sollten Sie in der Breite und eventuell auch in der Länge immer 2 bis 3 cm zugeben. Die Angaben für die Ärmellänge gelten für angesetzte Ärmel. Werden Armausschnitte gearbeitet, müssen die Ärmel entsprechend länger gestrickt werden.

Beispiel für die Berechnung: Grundlage für das Umrechnen von Modellen ist die **Maschenprobe.** Beim Ringelpullover bzw. beim grünen Pullover auf Seite 10 sind dies 26 Maschen und 36 Reihen für 10 cm x 10 cm. Für 1 cm strickt man also 2,6 Maschen in der Breite und 3,6 Reihen in der Höhe. Wenn Sie diese Pullover z. B. in Größe 68 stricken möchten, rechnen Sie wie folgt:
Für **Vorder- bzw. Rückenteil** benötigen Sie 24 x 2,6 = 62,4 Maschen + 2 Randmaschen = 64 Maschen. Bei höheren Zahlen nach dem Komma sollten Sie aufrunden.
Ohne Armausschnitt können Sie gerade hoch bis zum Halsausschnitt stricken. Soll ein Armausschnitt gearbeitet werden, ziehen Sie die Hälfte der oberen Ärmelweite von der gesamten Pulloverlänge ab: 25 cm – 12 cm = 13 cm. Der Armausschnitt wird hier also in 13 cm Höhe gestrickt. 3 cm Armausschnitttiefe bedeuten 7,8 Maschen, aufgerundet also 8 Maschen. Diese Maschen werden beidseitig abgekettet = 48 Maschen.

Pullover-größe	Pullover-breite	Pullover-länge	Ärmelbreite oben	Ärmel-länge
68	24	25	24	16
74	26	27	24	17
80	28	29	26	19
86	30	32	28	21
92	32	34	30	23
98	34	36	32	25
104	36	38	34	27
110	38	40	34	28
116	40	42	36	30
122	42	44	38	32
128	42	46	40	34
134	44	48	42	36
140	44	50	44	38

Der **rückwärtige Halsausschnitt** soll 2 cm tief und 10 cm breit sein, für die Schultern bleiben dann je 4 cm. Beachten Sie bitte, dass die Randmaschen immer zu den Schultern gezählt werden, d. h. für 10 cm Halsausschnittbreite ketten Sie grundsätzlich 2 Maschen weniger ab = 10 cm x 2,6 Maschen = 26 Maschen – 2 Randmaschen = 24 Maschen. Halsausschnitttiefe = 2 cm bzw. 7,2 Reihen. Hier wird immer aufgerundet = 8 Reihen. Sie können die Maschen also in 2 bis 3 Stufen abketten: die mittleren 18 Maschen, dann in jeder 2. Reihe 1x 2 und 1x 1 Masche. In der gewünschten Pulloverlänge (hier 25 cm) dann die restlichen 12 Schultermaschen abketten oder für die Knopfleiste an einer oder nach Wunsch auch an beiden Seiten noch 2 cm im Bündchenmuster stricken und dann die Maschen abketten.

Für den **vorderen Halsausschnitt** sind 6 cm Tiefe vorgesehen = 21,6 bzw. 22 Reihen. Da bei Babypullovern oft Knopfleisten gearbeitet werden, sollten die letzten 2 cm ohne Abnahmen gestrickt werden. Es bleiben also 12 bis 14 Reihen Halsausschnitttiefe. Beispiel: Sie ketten also die mittleren 8 Maschen ab, dann beidseitig in jeder 2. Reihe noch 2x 2 und 4x 1 Masche. 2 cm vor der gewünschten Pulloverhöhe stricken Sie dann über die restlichen 12 Schultermaschen beidseitig im Bündchenmuster weiter und arbeiten zugleich nach 1 cm die gewünschten Knopflöcher ein. In der Gesamthöhe von 25 cm dann die Maschen abketten.

Die **Ärmel** sind bei Baby- und Kinderpullovern an der Anschlagkante ca. 12 bis 18 cm breit. 12 x 2,6 = 31,2 Maschen. Nun berechnen Sie zuerst die obere Ärmelweite: 24 x 2,6 = 62,4 Maschen + Randmaschen = 64 Maschen. Am oberen Ende ist also eine gerade Maschenzahl, dies muss beim Anschlag beachtet werden, weil Sie später auf beiden Seiten gleich viele Maschen zunehmen. Es werden also nicht 33 Maschen (31 + 2 Randmaschen), sondern 34 Maschen angeschlagen. Für die Zunahmen bleiben insgesamt 30 Maschen, also 15 Maschen je Seite. Die Ärmel sind, wenn kein Armausschnitt gestrickt wird, insgesamt 16 cm lang; ohne Bündchen bleiben für die Zunahmen 14 cm x 3,6 Reihe = 50,4 Reihen (50 Reihen). 50 : 15 = 3,3. 3x 15 = 45 Reihen. Vor Ende des Ärmels sollten Sie immer ca. 4 Reihen ohne Zunahmen arbeiten. Sie nehmen also abwechselnd in jeder 2. und 4. Reihe 15x 1 Masche zu. Die übrigen Reihen stricken Sie gerade hoch.

Wird ein **Armausschnitt** gestrickt, können die Zunahmen in diesem Fall bis zur 48. Reihe reichen. Sie nehmen dann zunächst in jeder 4. Reihe 3x 1 Masche, dann abwechselnd in jeder 2. und 4. Reihe 12x 1 Masche zu = 48 Reihen. Nach den insgesamt 50 Reihen müssen Sie dann noch die Tiefe des Armausschnitts, hier also 3 cm, gerade anfügen. Die Gesamtlänge des Ärmels beträgt in diesem Fall 19 cm.

Musterbeispiel für Maschenprobe 26 Maschen x 36 Reihen

Beispiel für Größe 68 mit Armausschnitt und Knopfleiste an der linken Schulter

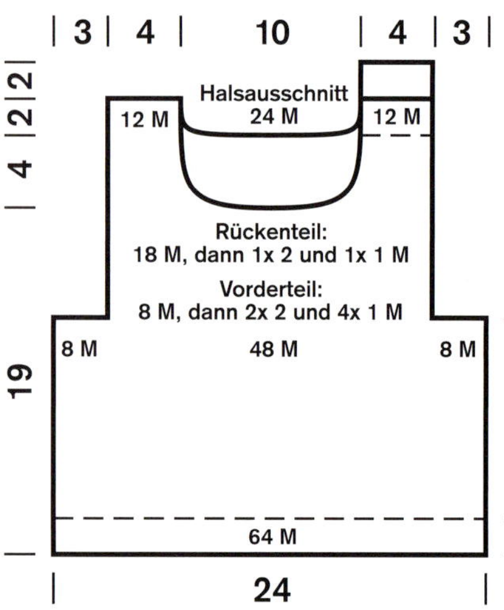

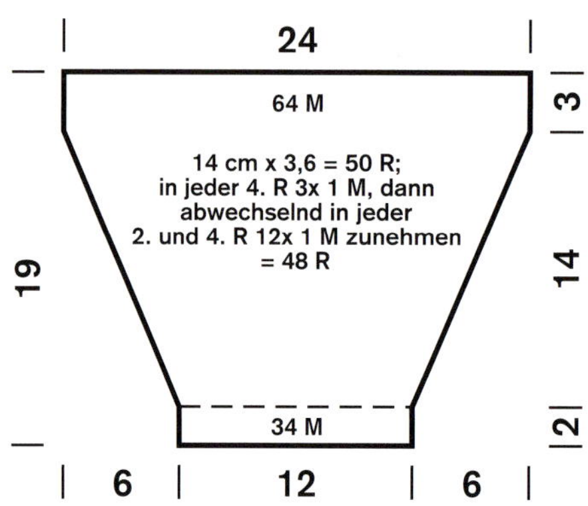

Beispiel für Größe 68 ohne Armausschnitt und Knopfleiste

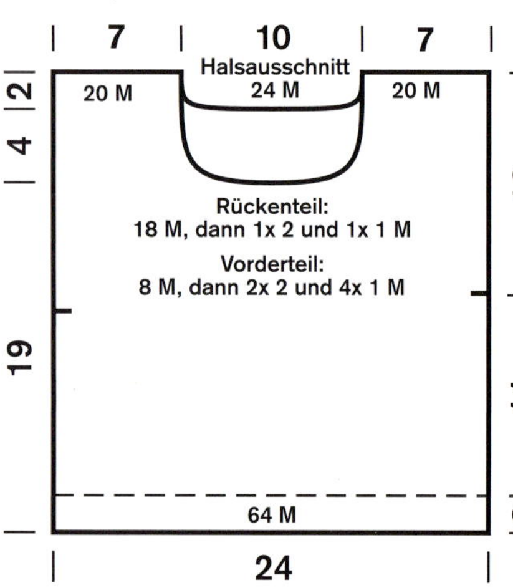

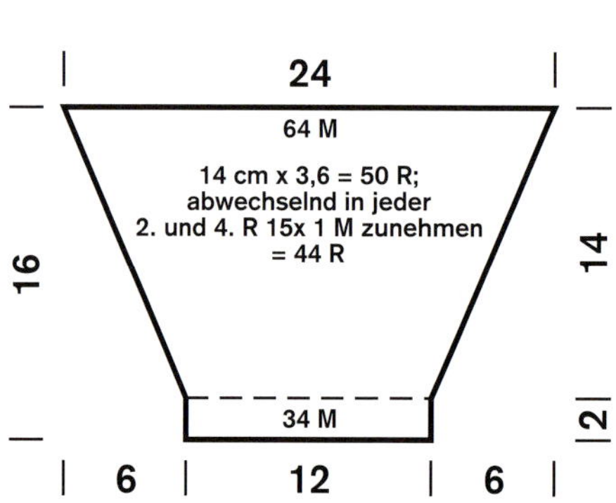

Halsausschnitte

Halsausschnittblenden müssen bei Kinderpullovern sehr dehnbar sein. Bei Pullovern mit runden Halsausschnittblenden ist es deshalb wichtig, dass Sie möglichst viele Maschen aufnehmen und diese Maschen nicht zu fest abketten. Oder Sie stricken die Blenden in doppelter Höhe, ketten dann sehr locker ab und nähen sie dann zur Hälfte nach innen um.
Eine weitere Möglichkeit besteht darin, eine ca. 2 cm hohe Blende im Bündchenmuster und dann noch etwa 2 bis 3 cm glatt rechts zu stricken. Dann abketten. Dieser glatt rechte Rand rollt sich nach außen auf, die Abkettkante ist nicht zu sehen. Achten Sie beim Aufnehmen der Maschen für die Blenden auch darauf, dass Sie die Maschen nicht aus dem Querfaden der Abkettreihe, sondern aus den ganzen, darunter liegenden Maschen aufnehmen. Werden die Maschen aus der Abkettkante aufgenommen, verschiebt sich das Maschenbild um eine halbe Masche, und das sieht etwas unsauber aus. Bei Rundungen ist es besser, die Blendenmaschen nicht zu nah an der Abkettkante aufzunehmen, sonst entstehen leicht kleine Löcher.

Nähte

Schließen Sie Nähte nach Möglichkeit immer mit dem Originalgarn. Sollte es zu dick sein, können Sie es teilen. Bei noppigem oder ungleichmäßig gesponnenem Garn können Sie eine gleichfarbige Baumwolle oder auch Wolle (möglichst ein Garn mit ähnlichen Pflegeeigenschaften wie das Originalgarn) verwenden.

Verbinden Sie alle Teile im Matratzenstich und verwenden Sie eine Sticknadel ohne Spitze. Legen Sie die Teile dafür mit der rechten Seite aneinander. Fassen Sie zunächst die Randmasche der Anschlagkante einer Seite, dann die Randmasche der zweiten Seite. Danach fassen Sie zuerst einen Querfaden des 1. Teils, dann immer im Wechsel je 2 Querfäden des 2. und des 1. Teils. Durch diesen Versatz treffen auch Streifen und Strukturen reihengenau aneinander. Schließen Sie zuerst die Schulternähte und nähen Sie dann die Ärmel an. Danach werden Ärmel- und Seitennähte geschlossen.

Knopflöcher und Knöpfe

Für Knopflöcher werden normalerweise Maschen abgekettet und in der nächsten Reihe wieder neu angeschlagen. Bei einer 1 rechts /1 links gestrickten Blende können Sie kleine Knopflöcher jedoch sehr gut in der linken Rippe verstecken. Stricken Sie in einer Hinreihe bis vor eine rechte Masche; heben Sie diese wie zum Rechtsstricken ab und stricken Sie die folgende (vorher linke) Masche rechts ab. Dann heben Sie die abgehobene Masche darüber und arbeiten einen Umschlag. Den Umschlag in der folgenden Rückreihe mustergemäß rechts stricken.
Bei einer 2 rechts /2 links gestrickten Blende heben Sie die 2. Masche einer rechten Blende rechts ab, stricken die 1. linke Masche rechts und heben die abgehobene Masche über die gestrickte Masche. Dann arbeiten Sie 2 Umschläge und stricken die nächste linke Masche mit der darauf folgenden rechten Masche rechts zusammen. In der nächsten Rückreihe stricken Sie dann aus dem 1. Umschlag 1 Masche rechts, aus dem 2. Umschlag 1 Masche rechts verschränkt. Fester wird das Knopfloch, wenn Sie in der Hinreihe nur 1 Umschlag arbeiten und daraus in der Rückreihe 1 Masche rechts und 1 Masche rechts verschränkt herausstricken.
Wenn bei Pullis und Jacken aus Baumwolle und Wolle Knöpfe angenäht werden müssen, hat man meist nicht das farblich passende Nähgarn dazu. Sie können dann einfach das Originalgarn halbieren, dritteln oder auch vierteln und erhalten so das perfekt passende Nähgarn.

Kleine Details schaffen Unikate

Blüten und Häkelkanten:
Die Jacke von Seite 48 hat ein einfaches Strukturmuster. Blickfang sind hier die gehäkelten Blüten sowie eine kleine Häkelkante. Anstelle von Bündchen oder Blenden sehen solche Häkelkanten auch an Halsausschnitten oder Ärmelkanten sehr hübsch aus.

Bunte Noppen können auch fertige Pullover aufpeppen. Für eine Noppe häkeln Sie 3 Luftmaschen und arbeiten in die 1. dieser Luftmaschen 4 Stäbchen immer so weit, dass jeweils 1 Schlinge mehr auf der Nadel bleibt. Dann maschen Sie alle Schlingen zusammen ab (indem Sie den Faden durch alle Schlingen ziehen), häkeln noch 1 Luftmasche und ziehen den Faden durch. Ziehen Sie Anfangs- und Endfaden einzeln durch die Strickteile und verknoten oder vernähen Sie die Fäden auf der Rückseite.
Wenn Sie die Noppen während des Strickens einarbeiten möchten, ziehen Sie den Noppenfaden durch die entsprechende Masche und arbeiten wie oben beschrieben. Maschen Sie die Stäbchen mit dem Strickfaden ab und legen Sie diese Masche dann auf die rechte Nadel.

Karos, Knöpfe und Zierstiche:
Einen einfarbigen Pullover können Sie auch mit Karos verzieren. Bei diesem Beispiel sind in den Streifengrund 11 Maschen breite und 14 Reihen hohe Karos eingestrickt. Dabei wird mit verschiedenen Knäueln gearbeitet und beim Farbwechsel die Fäden auf der Rückseite der Arbeit verkreuzt.
In die Mitte der Karos können Sie zusätzlich noch kleine Knöpfe aufnähen und das Ganze mit Hexenstichen umsticken.
Zierstiche, wie der Hexenstich oder viele kleine bunte Knöpfe kommen noch mehr zur Geltung wenn sie auf einfarbigen Pullis angebracht werden und das können natürlich auch gekaufte Modelle sein.

Grundmodelle

Grüner Pullover und Ringelpullover

Größe 80/86 und 98/104
Die abweichenden Angaben für die größere Größe stehen jeweils hinter dem Schrägstrich.

Material

- *Schachenmayr Catania (100% Baumwolle, LL ca. 125 m/50 g)*

für den grünen Pullover:

- *200/250 g in Grün (Fb 170)*
- *2/3 Knöpfe*

für den Ringelpullover:

- *je 50/100 g in Blau (Fb 174) und Gelb (Fb 129)*
- *je 50 g in Grün (Fb 170), Türkis (Fb 146), Weiß (Fb 106), Pink (Fb 114) und Orange (Fb 209)*

- *Stricknadeln Nr. 2,5–3,5*
- *Rundstricknadel (40 cm lang) oder Nadelspiel Nr. 2,5–3,5*

Strickmuster

Bündchenmuster:
1 Masche rechts, 1 Masche links im Wechsel stricken.
Glatt rechts:
Hinreihen rechte Maschen, Rückreihen linke Maschen stricken.
Streifenfolge:
* Je 2 Reihen in Gelb, Grün, Türkis, Weiß, Pink, Orange und Gelb, 4 Reihen in Blau, ab * wiederholen.

Maschenprobe

26 Maschen und 36 Reihen = 10 cm x 10 cm

Anleitung

Rückenteil:
80/101 Maschen in Grün bzw. Blau anschlagen und 2 cm im Bündchenmuster stricken. Wei-

ter glatt rechts in Grün bzw. in der Streifenfolge arbeiten. In 18/21 cm Höhe für die Armausschnitte beidseitig 1x 8 Maschen abketten = 64/85 Maschen. In 30/36 cm Höhe für den Halsausschnitt die mittleren 24/29 Maschen gerade, beidseitig davon in jeder 2. Reihe 1x 2 und 1x 1 Masche abketten. In 32/38 cm Höhe die restlichen 17/25 Schultermaschen gerade abketten.

Achtung:
Beim grünen Pullover für den Untertritt der Knopfleiste über die Schultermaschen der linken Kante zusätzlich noch 2 cm im Bündchenmuster stricken.

Vorderteil:
Wie das Rückenteil stricken, jedoch in 26/31 cm Höhe für den Halsausschnitt die mittleren 14/19 Maschen gerade, beidseitig davon in jeder 2. Reihe 2 x 2 und 4 x 1 Masche abketten. In 32/38 cm Höhe die restlichen 17/25 Schultermaschen gerade abketten.

Achtung:
Beim grünen Pullover für die Knopflochleiste über die Schultermaschen der rechten Seite in 30/36 cm Höhe noch 2 cm im Bündchenmuster stricken, dabei nach 1 cm 1 oder 2 Knopflöcher 3 cm bzw. 3 cm und 6 cm von der Außenkante entfernt einarbeiten. Für 1 Knopfloch 1 Masche abketten, die Maschen in der nächsten Reihe wieder neu anschlagen.

Ärmel:
38/44 Maschen in Grün bzw. Blau anschlagen und 2 cm im Bündchenmuster stricken. Weiter glatt rechts in Grün bzw. in der Streifenfolge arbeiten und für die Ärmelschrägungen beidseitig in jeder 4. Reihe 12x 1/20x 1 Masche und abwechselnd in jeder 2. und 4. Reihe 6x 1/3x 1 Masche zunehmen = 74/90 Maschen. In 24/30 cm Höhe alle Maschen abketten. Den 2. Ärmel ebenso stricken.

Ausarbeitung:
Die Teile spannen und unter feuchten Tüchern trocknen lassen. Beim grünen Pullover aus dem Halsausschnitt ca. 79/91 Maschen in Grün aufnehmen und 2 cm im Bündchenmuster anstricken, dabei in 1 cm Höhe 3 Maschen von der rechten Seitenkante entfernt das 2./3. Knopfloch einarbeiten.
Beim Ringelpullover aus dem Halsausschnitt mit der Rundstricknadel oder dem Nadelspiel ca. 80/92 Maschen in Blau aufnehmen und 5 cm im Bündchenmuster stricken, dann die Maschen locker abketten. Das Bündchen zur Hälfte nach innen umnähen.

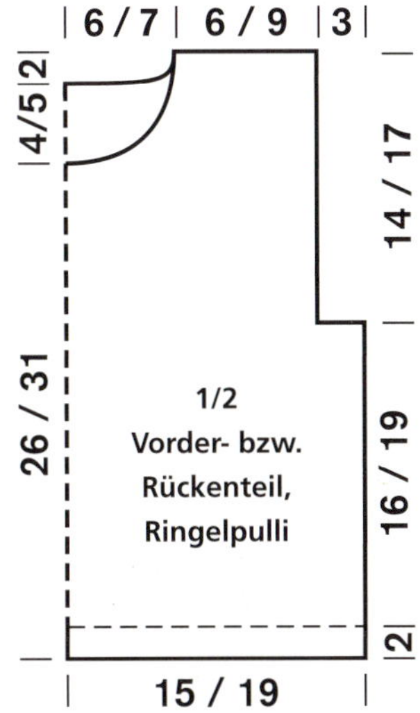

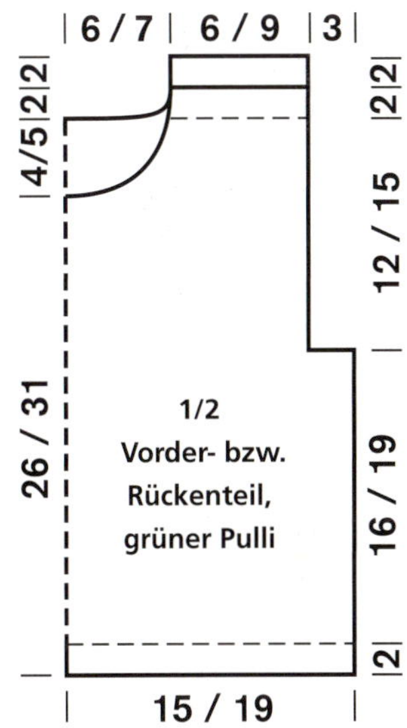

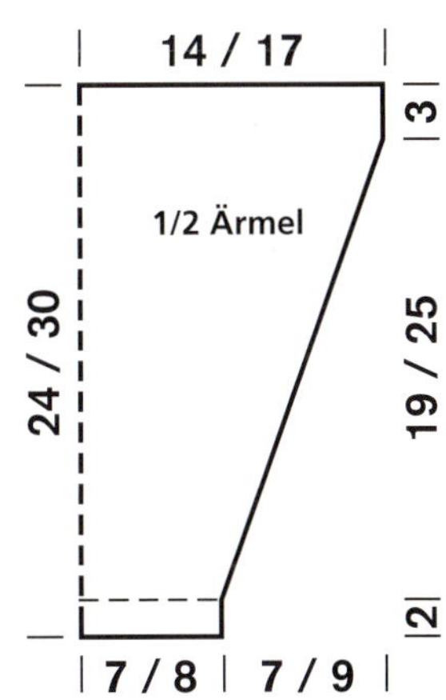

Tierisch gut drauf

Pulli mit aufgestickter Katze

Größe 98/104 und 116/122
Die abweichenden Angaben für die größere Größe stehen jeweils hinter dem Schrägstrich.

Material

- *Schachenmayr Universa (55% Schurwolle, 45% Polyacryl, LL 125 m/50 g), 250/300 g in Rot (Fb 31) und 50 g oder ein Rest in Natur (Fb 02)*
- *Stricknadeln Nr. 3*
- *Rundstricknadel (40 cm lang) oder Nadelspiel Nr. 3*
- *Sticknadel ohne Spitze*

Strick- und Stickmuster

Kraus rechts:
Jede Reihe rechts, in Runden 1 Runde linke Maschen und 1 Runde rechte Maschen im Wechsel stricken.

Glatt rechts:
Hinreihen rechte Maschen, Rückreihen linke Maschen stricken.

Jacquardbordüre:
Glatt rechts nach der Strickschrift stricken.
Es ist jede Reihe gezeichnet, 1 Kästchen = 1 Masche.

Stickmotiv:
In Natur arbeiten. Die Konturen des Motivs werden mit Kettmaschen aufgestickt oder aufgehäkelt. Die Nase im Plattstich, alle übrigen Linien im Stielstich arbeiten.

Maschenprobe

22 Maschen und 30 Reihen = 10 cm x 10 cm

Anleitung

Rückenteil:
77/86 Maschen anschlagen und 1,5 cm kraus rechts, dann glatt rechts stricken. In 20/23 cm Höhe für die Armausschnitte beidseitig in jeder 2. Reihe abwechselnd 1x 2 und 1x 1 Masche, insgesamt 9 Maschen abketten = 59/68 Maschen. In 34/38 cm Höhe für den Halsausschnitt die mittleren 19/24 Maschen gerade, beidseitig davon in jeder 2. Reihe 1x 3 und 1x 2 Maschen abketten. In 36/40 cm Höhe die restlichen 15/17 Schultermaschen gerade abketten.

Vorderteil:
Wie das Rückenteil stricken, jedoch in 31/35 cm Höhe für den Halsausschnitt die mittleren 11/16 Maschen gerade, beidseitig davon in jeder 2. Reihe 1x 3, 1x 2 und 4x 1 Masche abketten. In 36/40 cm Höhe die restlichen 15/17 Schultermaschen gerade abketten.

Ärmel:
33/37 Maschen anschlagen und 1,5 cm kraus rechts stricken. Weiter glatt rechts 2 Reihen in Rot, 9 Reihen Jacquardmuster, dann in Rot weiterstricken. Das Jacquardmuster von der Mittelmasche (= 6. Masche) her einrichten und zu den Seiten hin auslaufen lassen. Für die Ärmelschrägungen beidseitig in jeder 4. Reihe 6x 1/16x 1 Masche und abwechselnd in jeder 2. und 4. Reihe 14x 1/4x 1 Masche zunehmen = 73/77 Masche. In 25/28 cm Höhe beidseitig in jeder 2. Reihe abwechselnd 1x 2 und 1x 1 Masche, insgesamt 9 Maschen, dann die restlichen Maschen gerade abketten.
Den 2. Ärmel ebenso stricken.

Ausarbeitung:
Die Teile spannen, anfeuchten und trocknen lassen. Die Katze nach dem Stickmuster aufsticken. Alle Nähte schließen und die Ärmel einnähen. Aus dem Halsausschnitt mit dem Nadelspiel oder der Rundstricknadel ca. 96 Maschen in Rot aufnehmen und 2 cm kraus rechts anstricken. Alle Kanten in Weiß umstechen. Eine ca. 60 cm lange Kordel anfertigen, in der entsprechenden Höhe durch die Maschen des Vorderteils ziehen und zur Schleife binden.

Wer lieber einen Teddy mag, kann dieses Motiv aufsticken.

Strickschrift für das Jacquardmuster

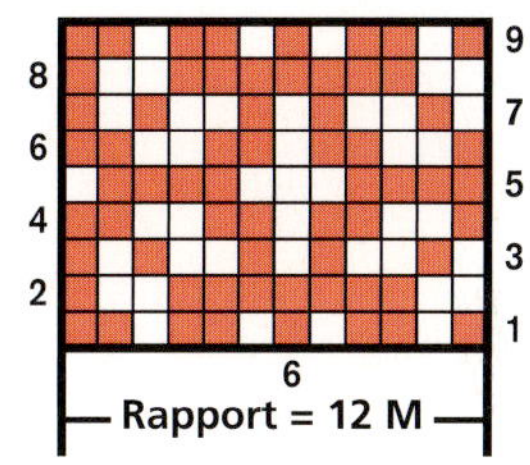

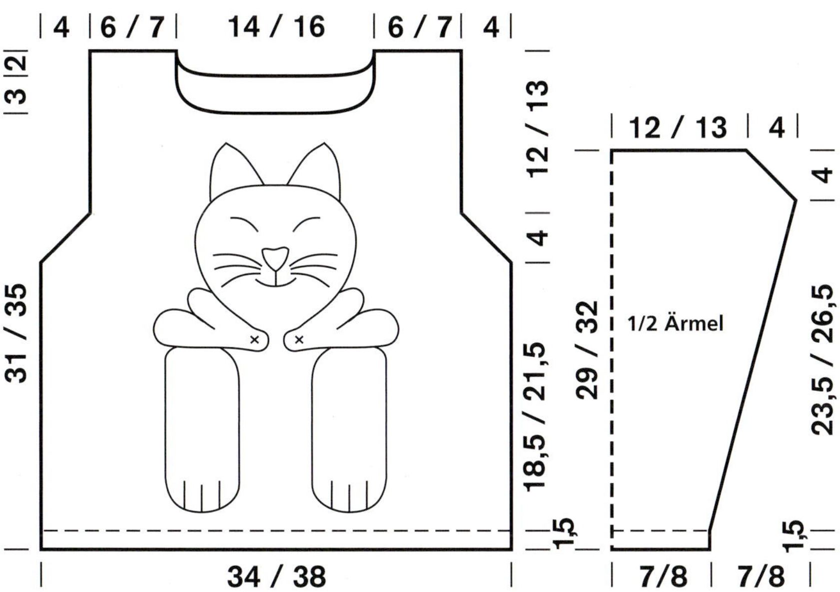

Vorder- bzw. Rückenteil und Stickmotiv für die Katze

Alternatives Stickmotiv für den Teddy

Gestrickte Katze

Größe ca. 31 cm

Material

- *Schachenmayr Piano (42% Alpaka, 40% Polyamid, 18% Wolle, LL ca. 60 m/100 g), 100 g Natur (Fb 02)*
- *Schachenmayr Universa (55% Schurwolle, 45% Polyacryl, LL ca. 125 m/50 g), 50 g oder ein Rest in Rot (Fb 31)*
- *ein Rest schwarzes Garn*
- *Füllwatte*
- *Stricknadeln Nr. 3 und Nr. 6–7*
- *Sticknadel ohne Spitze*

Strickmuster

Kraus rechts,
Nadeln Nr. 6–7: Jede Reihe rechts stricken.
Schalmuster,
Nadeln Nr. 3: Maschenzahl teilbar durch 3 + 2 Randmaschen. Jede Reihe wie folgt stricken: Randmasche, * 2 Maschen rechts, 1 Masche links, ab * wiederholen, Randmasche.

Maschenprobe

Mit Piano kraus rechts:
16 Maschen und 30 Reihen = 10 cm x 10 cm

Anleitung

Beine, Rumpf und Kopf werden in einem Stück gestrickt; die Naht ist in der hinteren Mitte. Alles kraus rechts stricken.
Für ein **Bein** 20 Maschen in Natur anschlagen und 28 Reihen stricken. Die Maschen stilllegen. Das 2. Bein ebenso arbeiten.

Für den **Rumpf** die Maschen beider Beine abstricken = 40 Maschen und 16 Reihen in Natur, dann im Wechsel je 2 Reihen in Rot (mit doppeltem Faden) und Natur im Wechsel, insgesamt noch 20 Reihen stricken.

Dann für den **Kopf** weiter in Natur arbeiten und in der 1. Reihe 6x jede 5. und 6. Masche rechts zusammenstricken = 34 Maschen. Nach 30 Reihen alle Maschen abketten.

Für die **Arme** je 18 Maschen in Natur anschlagen und im Wechsel je 2 Reihen in Natur und Rot (mit doppeltem Faden) im Wechsel, insgesamt 20 Reihen, dann noch 6 Reihen in Natur stricken und die Maschen stilllegen.

Für den **Schwanz** 7 Maschen in Natur anschlagen und 15 cm stricken, dann die Maschen abketten.

Ausarbeitung:
Auf die Kopfmitte das Gesicht aufsticken: Die Nase in Rot, die Augen in Schwarz im Plattstich, den Mund in Rot im Stielstich. Für die Barthaare einige Fäden in Schwarz einziehen. Bein- und Rumpfnähte schließen, dabei den Schwanz mit einnähen. Die Katze ausstopfen, den Kopf etwas fester. Die obere Naht und die unteren Beinnähte schließen, dann die Ohren zu beiden Seiten schräg abnähen. Die Ärmelnähte schließen und die Ärmel seitlich annähen. Die Ärmel ausstopfen, dann die offenen Maschen mit dem Arbeitsfaden fest zusammenziehen und den Faden vernähen.

Für den **Schal** mit einfachem Faden in Rot 14 Maschen anschlagen und 56 cm im Schalmuster stricken, dann die Maschen abketten.

Mütze und Socken

Mütze: Kopfumfang ca. 40 cm
Socken: Größe 24/25

Material

- *Schachenmayr Regia 8fädig (75% Schurwolle, 25% Polyamid, LL ca. 100 m/50 g), 100 g in Dunkelblau (Fb 2000) und je 50 g in Rot (Fb 2002) und Weiß (Fb 2080)*
- *Nadelspiel Nr. 4–5*
- *Häkelnadel Nr. 4*

Strickmuster

Bündchenmuster:
1 Masche rechts, 1 Masche links im Wechsel stricken.
Kraus rechts:
Jede Reihe rechts, in Runden 1 Runde linke Maschen und 1 Runde rechte Maschen im Wechsel stricken.
Glatt rechts:
Hinreihen rechte Maschen, Rückreihen linke Maschen, in Runden nur rechte Maschen stricken.
Jacquardbordüre:
Glatt rechts nach der Strickschrift stricken. Es ist jede Reihe gezeichnet, 1 Kästchen = 1 Masche.

Maschenprobe

20 Maschen und 28 Reihen/Runden = 10 cm x 10 cm

Anleitung für die Mütze

80 Maschen in Rot anschlagen und 7 cm im Bündchenmuster stricken. Glatt rechts weiter im Jacquardmuster arbeiten, nach der 1. bis 14. Runde die 15. bis 18. Runde stets wiederholen. In 20 cm Höhe ab Bündchenmuster in Dunkelblau noch 4 cm kraus rechts stricken, dann die Maschen abketten. In Weiß 2 Pompons und eine ca. 55 cm lange Kordel anfertigen. Die Pompons jeweils an die Enden nähen. Den oberen krausen Rand der Mütze abbinden. Das Bündchen zur Hälfte nach außen umschlagen.

Anleitung für die Socken

Grundanleitung siehe Seite 58. 32 Maschen in Rot anschlagen und 2 cm im Bündchenmuster stricken. Weiter glatt rechts im Jacquardmuster stricken, nach der 1. bis 7. Runde die 14. bis 8. Runde von oben nach unten stricken, die 15. bis 18. Runde 3x stricken, dann noch 1x die 14. bis 8. Runde stricken und weiter die 15. bis 18. Runde wiederholen. Zugleich nach 21 Runden glatt rechts die Ferse in Rot stricken. Weiter über die Maschen der 2. und 3. Nadel im Jacquardmuster, über die Maschen der 1. und 4. Nadel in den zweifarbigen Reihen immer im Wechsel je 1 Masche in den Farben stricken und die Farben in jeder bzw. in jeder 2. Runde austauschen. Die Spitze in Rot arbeiten. Den Anschlagrand umhäkeln, die 1. Runde in Rot und Weiß im Wechsel arbeiten: In Rot 1 feste Masche in die 1. Masche des Bündchens häkeln, * dann für die Schlinge 6 Luftmaschen und 1 feste Masche in die 5. Luftmasche und noch 4 Luftmaschen häkeln. Noch 1 feste Masche in die 5. Masche des Anschlags, dann die Nadel aus der Schlinge nehmen. Nun die rote Schlinge nach vorne legen und dahinter in Weiß 1 feste Masche in die 3. Masche des Bündchens, dann die Schlinge arbeiten und 1 feste Masche in die 7. Masche des Anschlags arbeiten und die Nadel aus der Schlinge nehmen. Die weiße Schlinge nach vorne legen und dahinter die rote Masche auffassen und die Schlinge arbeiten, 1 feste Masche in die 9. Masche des Anschlags arbeiten und die Nadel aus der Schlinge nehmen.

Ab * wiederholen, dabei je Farbe immer 3 Maschen übergehen. Auf die obere Kante in Dunkelblau noch im Wechsel 1 feste Masche und 3 Luftmaschen häkeln, dabei immer zwischen die Schlingen in die 2., 4., 6. etc. Masche einstechen.

Jacquardmuster für Mütze und Socken

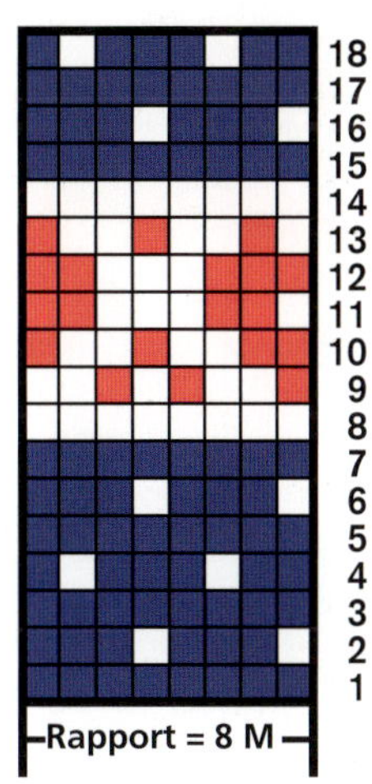

Pullover mit Hund

Größe 92/98 und 110/116

Die abweichenden Angaben für die größere Größe stehen jeweils hinter dem Schrägstrich.

Material

- *Schachenmayr Favorit (35% Baumwolle, 35% Polyacryl, 30% Viskose, LL ca. 135 m/50 g), 150/200 g in Rot (Fb 30) und je 50 g in Schwarz (Fb 99), Weiß (Fb 01), Gelb (Fb 22) und Petrol (Fb 62)*
- *Stricknadeln Nr. 3–4*
- *Häkelnadel Nr. 3*

Strickmuster

Kreuzanschlag:
Siehe Seite 6.

Bündchenmuster:
In Jacquardtechnik stricken.
1. Reihe: (Rückreihe) Randmasche, * 3 Maschen rechts in Schwarz, 3 Maschen links in Weiß, ab * wiederholen, enden mit 3 Maschen rechts in Schwarz, Randmasche.
2. bis 7. Reihe: Die Maschen und Farben stricken, wie sie erscheinen.

Glatt rechts:
Hinreihen rechte, Rückreihen linke Maschen stricken.

Einstrickmuster:
Glatt rechts nach der Strickschrift stricken.
Es ist jede Reihe gezeichnet, 1 Kästchen = 1 Masche.
Die 9. bis 12. und die 21. bis 24. Reihe in Jacquardtechnik stricken, hier die Randmasche immer mit beiden Fäden arbeiten. Für alle übrigen Farbflächen jeweils ein Extraknäuel verwenden und die Fäden auf der Rückseite der Arbeit verkreuzen.

Maschenprobe

22 Maschen und 31 Reihen = 10 cm x 10 cm

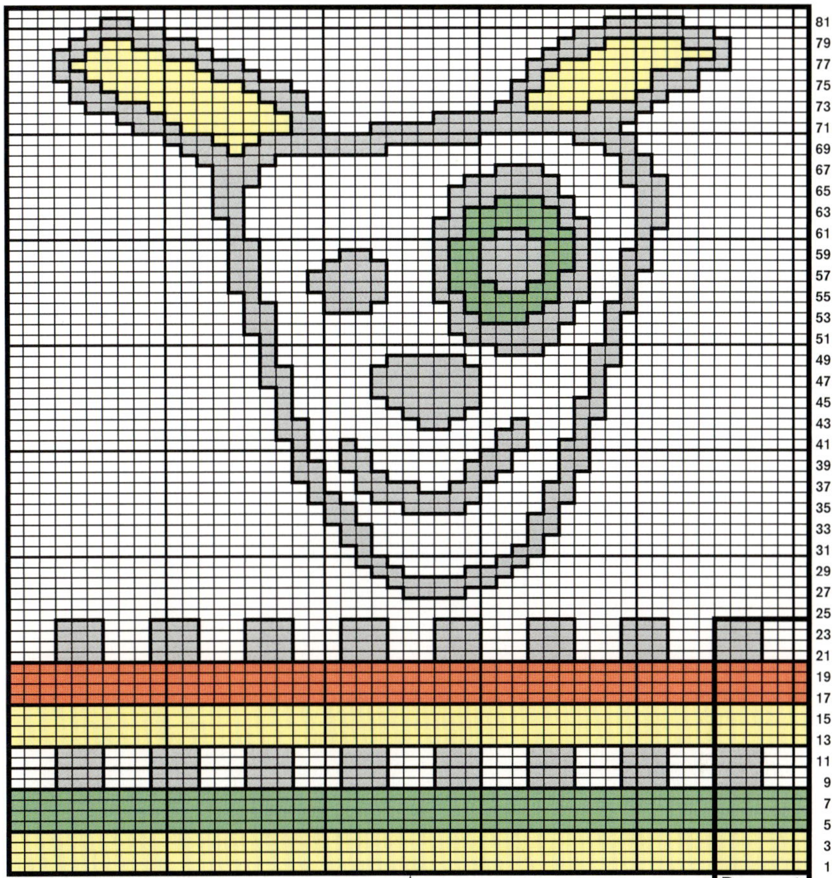

Strickschrift ▲ = Mittelmasche Rapport = 6 M

Anleitung

Vorderteil:
77/89 Maschen in Schwarz mit Kreuzanschlag anschlagen, dann 7 Reihen im Bündchenmuster stricken, mit 1 Rückreihe beginnen.
Weiter glatt rechts nach der Strickschrift arbeiten, bei den ersten 24 Reihen den Rapport von 6 Maschen stets wiederholen. Das Motiv in der Mitte der Arbeit anordnen und alle übrigen Maschen in Rot stricken. In 29/34 cm Höhe für den Halsausschnitt die mittleren 9/13 Maschen gerade, beidseitig davon in jeder 2. Reihe 1x 3, 1x 2 und 5x 1 Masche abketten.
In 36/41 cm Höhe die restlichen 24/28 Schultermaschen abketten.

Rückenteil:
Wie das Vorderteil stricken, jedoch nach dem Kreuzanschlag die 1. Rückreihe mit Randmasche, 3 Maschen links in Weiß beginnen. Außerdem nur die 1. bis 24. Reihe der Strickschrift stricken, die Farben der Karostreifen wie beim Bündchen arbeiten. Dann weiter in Rot stricken.
In 34/39 cm Höhe für den Halsausschnitt die mittleren 19/23 Maschen gerade, beidseitig davon in jeder 2. Reihe 1x 3 und 1x 2 Maschen abketten.
In 36/41 cm Höhe die restlichen 24/28 Schultermaschen gerade abketten.

Ärmel:
32/38 Maschen in Schwarz mit Kreuzanschlag anschlagen, dann 7 Reihen im Bündchenmuster stricken, mit 1 Rückreihe beginnen. Glatt rechts die 1. bis 24. Reihe der Strickschrift, dann in Rot arbeiten, dabei für die Ärmelschrägungen beidseitig in jeder 4. Reihe 6x 1/10x 1 Masche, dann abwechselnd in jeder 2. und 4. Reihe 14x 1/12x 1 Masche zunehmen = 72/82 Maschen. In 25/28 cm Höhe alle Maschen abketten. Den 2. Ärmel ebenso stricken.

Ausarbeitung:
Teile spannen, anfeuchten und trocknen lassen. Alle Nähte schließen und die Ärmel einnähen. Für die Halsausschnittblende 47 Maschen mit Kreuzanschlag anschlagen, dann 7 Reihen im Bündchenmuster stricken, mit 1 Rückreihe beginnen. Die Maschen stilllegen, das Bündchen zur Runde zusammennähen und in Schwarz mit Rückstichen aufsteppen.
Für die **Zunge** in Rot 4 Luftmaschen häkeln, mit 1 Luftmasche wenden. In die ersten 3 Luftmaschen je 1 feste Masche häkeln, dabei nur 1 Maschenteil fassen; in die 4. Luftmasche 3 feste

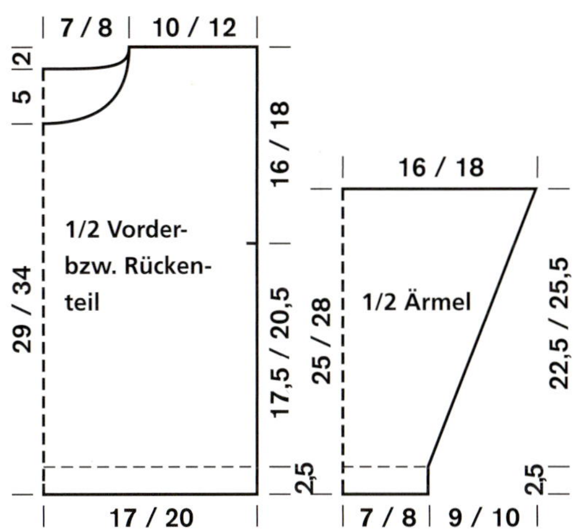

Maschen, dann in die ersten 3 Luftmaschen auf der anderen Seite des Anschlags wieder je 1 feste Masche häkeln. Mit 1 Luftmasche wenden und auf jede feste Masche der Vorreihe noch 1 feste Masche häkeln. Den Faden durchziehen und die Zunge annähen.

Ländlich gestrickt, edel bestickt

Strickhemd

Größe 98/104 und 110/116
Die abweichenden Angaben für die größere Größe stehen jeweils hinter dem Schrägstrich.

Material

- *Schachenmayr Summer Country (44% Baumwolle, 44% Polyacryl, 10% Viskose, 2% Polyester, LL ca. 90 m/50 g), 350/400 g in Natur (Fb 02)*
- *3 Knöpfe (Ø 15–16 mm)*
- *Stricknadeln Nr. 3–4*

Strickmuster

Kraus rechts:
Jede Reihe rechts stricken.
Grundmuster:
Siehe Strickschrift. Das Muster ist in Hin- und Rückreihen so gezeichnet, wie es auf der Vorderseite der Arbeit erscheint. Die Hinreihen von rechts nach links, die Rückreihen von links nach rechts lesen. Die 1. bis 8. Reihe stets wiederholen.

Maschenprobe

Im Grundmuster: 20 Maschen und 33 Reihen = 10 cm x 10 cm

Anleitung

Rückenteil:
73/81 Maschen anschlagen und 2 cm kraus rechts stricken.
Im Grundmuster wie folgt weiterarbeiten: Für den Schlitz die Randmasche und 4 Maschen kraus rechts, dann die 5./1. bis

10. Masche des Rapports, 5x/6x den Rapport von 10 Maschen und die 1. bis 7. Masche/die 1. Masche des Rapports stricken, enden mit 4 Maschen kraus rechts, Randmasche. In 4/5 cm Höhe über alle Maschen weiter im Grundmuster arbeiten; hierfür das Muster entsprechend erweitern. In 21/25 cm Höhe für die Armausschnitte beidseitig in jeder 2. Reihe 1x 2 und 6x 1 Masche abketten = 57/65 Maschen. In 38/43 cm Höhe für den Halsausschnitt die mittleren 11/15 Maschen gerade, beidseitig davon in jeder 2. Reihe 1x 3 und 1x 2 Maschen abketten. Zugleich für die Schultern beidseitig in jeder 2. Reihe 2x 4 und 2x 5 Maschen/4x 5 Maschen abketten.

Vorderteil:
Wie das Rückenteil stricken, jedoch in 26/31 cm Höhe für den Poloverschluss die ersten 26/30 Maschen stricken und stilllegen. Über die folgenden 5 Maschen für die Schlitzblende kraus rechts, die übrigen 26/30 Maschen wie bisher im Muster stricken. Nach weiteren je 3 cm 2x je 1 Knopfloch einarbeiten. Dafür jeweils die 2. und 3. Blendenmasche rechts zusammenstricken, 1 Umschlag arbeiten, die folgende Masche rechts abheben, 1 Masche rechts stricken und die abgehobene Masche überziehen. In der folgenden Reihe aus dem Umschlag 1 Masche rechts und 1 Masche rechts verschränkt stricken. In 34/39 cm Höhe für den Halsausschnitt die 5 Blendenmaschen stilllegen und die folgenden 2/4 Maschen, dann in jeder 2. Reihe noch 1x 2 und 4x 1 Masche abketten.
In 38/43 cm Höhe die Schulter wie beim Rückenteil stricken. Die 2. Seite gegengleich beenden, dabei in der 1. Reihe für den Untertritt 5 Maschen neu anschlagen und die Maschen für die Blende kraus rechts stricken.

Ärmel:
37/41 Maschen anschlagen und 2 cm kraus rechts stricken.
Im Grundmuster weiterarbeiten, dabei das Muster jeweils von der Mittelmasche (= die 6. Masche) her einteilen und zu den Seiten hin auslaufen lassen. Für die Ärmelschrägungen beidseitig in jeder 6. Reihe 7x 1/12x 1 Masche und in jeder 4. Reihe 9x 1/4x 1 Masche zunehmen = 69/73 Maschen. In 27/30 cm Höhe beidseitig in jeder 2. Reihe 1x 2 und 6x 1 Masche, dann die restlichen 53/57 Maschen abketten. Den 2. Ärmel ebenso stricken.

Ausarbeitung:
Die Teile spannen und unter feuchten Tüchern trocknen lassen. Die Schulternähte schließen, die Ärmel annähen, dann Seiten- und Ärmelnähte schließen, dabei die unteren 4/5 cm der Seiten für die Schlitze offen lassen. Die stillgelegten je 5 Maschen der Blenden wieder auf die Nadel nehmen, dazwischen aus dem Halsausschnitt ca. 50/60 Maschen aufnehmen = 60/70 Maschen und noch 6 Reihen kraus rechts stricken. Dabei in der 2. Reihe das 3. Knopfloch einarbeiten. Die rückwärtige Blende unter die vordere legen und an der unteren Kante befestigen. Die Knöpfe annähen.

Strickschrift für das Grundmuster

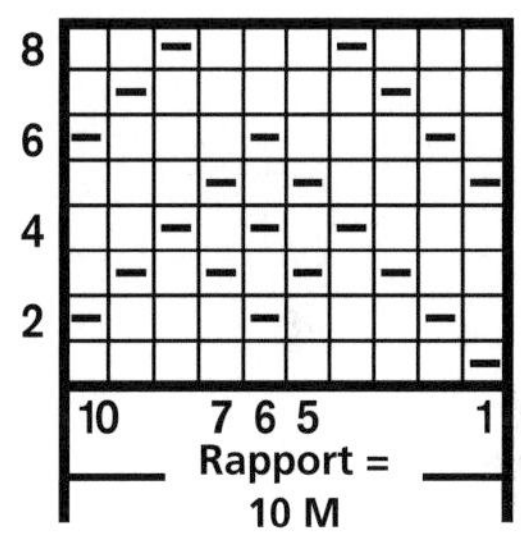

Zeichenerklärung
☐ Hinr rechte M, Rückr linke M
⊟ Hinr linke M, Rückr rechte M

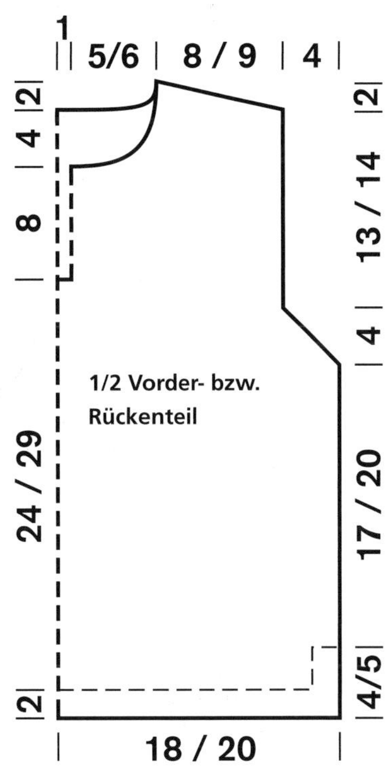

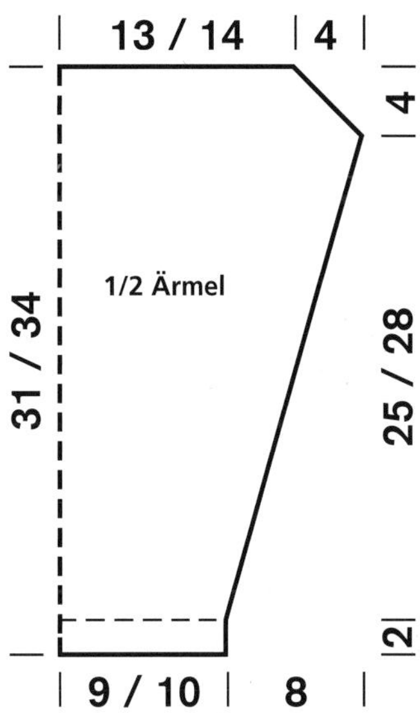

Babypullover mit Strukturmuster

Größe 80/86 und 92/98
Die abweichenden Angaben für die größere Größe stehen jeweils hinter dem Schrägstrich.

Material

- *Schachenmayr Bambino (60% Baumwolle, 40% Polyacryl, LL ca. 110 m/25 g), 150 g in Natur (Fb 02)*
- *3 Knöpfe (Union Knopf)*
- *Stricknadeln Nr. 2,5–3*
- *Häkelnadel Nr. 3*

Strickmuster

Bündchenmuster:
1 Masche rechts, 1 Masche links im Wechsel stricken.

Grundmuster:
Siehe Strickschrift. Es sind nur die Hinreihen gezeichnet, in den Rückreihen, wenn nicht anders angegeben, die Maschen stricken, wie sie erscheinen. Nach der 1. und 2. Reihe die 3. bis 14. Reihe stets wiederholen.

Maschenprobe

Im Grundmuster: 33 Maschen und 48 Reihen = 10 cm x 10 cm

Anleitung

Rückenteil:
96/108 Maschen anschlagen und 5 Reihen im Bündchenmuster stricken, mit 1 Rückreihe beginnen. Im Grundmuster weiter für Größe 80/86 Randmasche, die 7. bis 11. Maschen von Rapport A und 3x Rapport A, 18 Maschen Mittelmuster, dann 3x Rapport B und die 1. bis 5. Masche von Rapport B, Randmasche stricken; für Größe 92/98 Randmasche, 4x Rapport A, 18 Maschen Mittelmuster, 4x Rapport B, Randmasche stricken. In 18/20 cm Höhe für die Armausschnitte beidseitig in jeder 2. Reihe 1x 2, 5x 1 und 1x 2 Maschen abketten

= 78/90 Maschen. In 30/34 cm Höhe für den Halsausschnitt die mittleren 26/28 Maschen gerade, beidseitig davon in jeder 2. Reihe 1x 4 und 1x 2 Maschen abketten. In 32/36 cm Höhe die 20/25 Maschen der rechten Seite abketten, über die 20/25 Maschen der linken Seite noch 2 cm im Bündchenmuster stricken, dann auch diese Maschen abketten.

Vorderteil:
Wie das Rückenteil stricken, jedoch in 27/31 cm Höhe für den Halsausschnitt die mittleren 12/14 Maschen gerade, beidseitig davon in jeder 2. Reihe 1x 4, 1x 3, 1x 2 und 4x 1 Masche abketten. In 31/35 cm Höhe über den Maschen der rechten Seite für die linke Schulter 2 Knopflöcher einarbeiten, das 1. ca. 2/3 cm, das 2. ca. 5/6 cm von der Seitenkante entfernt. Für 1 Knopfloch 2 Maschen abketten und diese Maschen in der nächsten Reihe wieder neu anschlagen. In 32/36 cm Höhe die 20/25 Schultermaschen abketten.

Ärmel:
40/51 Maschen anschlagen und 2 cm im Bündchenmuster stricken, mit 1 Rückreihe beginnen. Im Grundmuster weiter nur Rapport A stricken, dabei wie beim Rückenteil von Größe 80/86 beschrieben beginnen. Für die Ärmelschrägungen beidseitig für Größe 80/86 in jeder 4. Reihe 11x 1 Masche und abwechselnd in jeder 2. und 4. Reihe 16x 1 Masche, für Größe 92/98 in jeder 4. Reihe 28x 1 Masche zunehmen = 94/107 Maschen.
In 22/26 cm Höhe beidseitig in jeder 2. Reihe 1x 2, 5x 1, 1x 2 Maschen und die restlichen 76/89 Maschen abketten. Gesamthöhe = 25/29 cm. Den 2. Ärmel ebenso stricken.

Ausarbeitung:
Die Teile spannen und unter feuchten Tüchern trocknen lassen. Die rechte Schulternaht schließen. Aus dem Halsausschnitt ca. 84/90 Maschen aufnehmen und 2 cm im Bündchenmuster anstricken, dabei an der vorderen Kante nach 1 cm das 3. Knopfloch über der 4. und 5. Masche von der rechten Kante aus einarbeiten. Über die Maschen der linken vorderen Schulter 1 Reihe feste Maschen häkeln. Die rückwärtige Blende unter die vordere legen und an der Seite befestigen. Die Ärmel annähen, dann Seiten- und Ärmelnähte schließen. Die Knöpfe annähen.

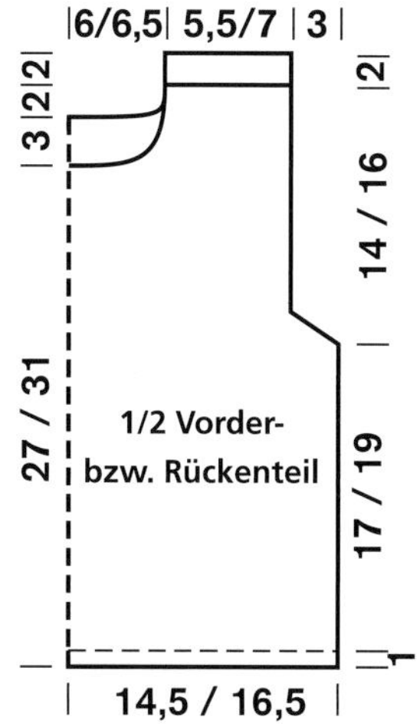

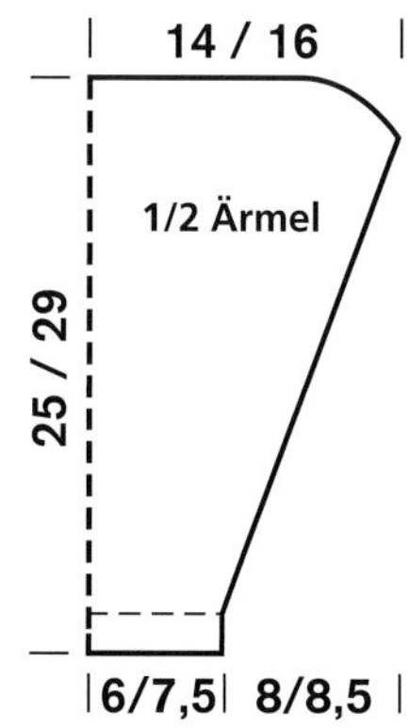

Zeichenerklärung

□ = 1 Masche rechts

⊟ = 1 Masche links

V = in Hinreihen 1 Masche links abheben, der Faden ist hinter der Arbeit, in Rückreihen die Masche links stricken

3 = in Hinreihen aus 1 Masche 1 Masche rechts, 1 Masche rechts verschränkt und 1 Masche rechts stricken, in Rückreihen 3 Maschen links stricken

↑ = 1 Masche rechts abheben, 2 Maschen rechts zusammenstricken und die abgehobene Masche überziehen

= 1 Masche mit einer Hilfsnadel hinter die Arbeit legen, 1 Masche rechts, dann die Masche der Hilfsnadel links stricken

= 1 Masche mit einer Hilfsnadel vor die Arbeit legen, 1 Masche links, dann die Masche der Hilfsnadel rechts stricken

= 2 Maschen mit einer Hilfsnadel hinter die Arbeit legen, 1 Masche rechts, dann die Maschen der Hilfsnadel rechts stricken

= 1 Masche mit einer Hilfsnadel vor die Arbeit legen, 2 Maschen rechts, dann die Masche der Hilfsnadel rechts stricken

= 2 Maschen mit einer Hilfsnadel hinter die Arbeit legen, 2 Maschen rechts, dann die Maschen der Hilfsnadel rechts stricken

Strickschrift für das Grundmuster

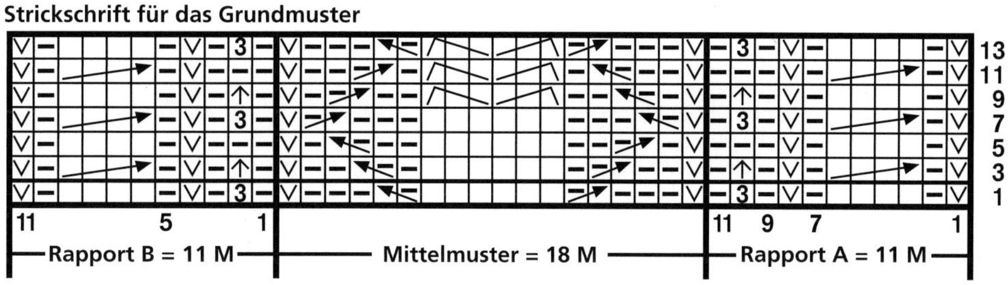

Weste, Jacke und Mütze

Weste und Jacke: Größe 92/98 und 104/110
Mütze: Kopfumfang 38 – 42 und 44 – 48 cm
Die abweichenden Angaben für die größere Größe stehen jeweils hinter dem Schrägstrich. Außerdem stehen die Angaben für die Jacke (Material, Vorder- und Rückenteil) in Klammern, sofern sie von der Weste abweichen.

Material

- *Schachenmayr Kent (80% Schurwolle, 20% Polyamid, LL ca. 100 m/50 g), 150/200 g (200/250 g) in Graumeliert (Fb 82)*
- *Schachenmayr Extra (100% Schurwolle, LL ca. 125 m/ 50 g), je 50 g (100 g) in Anthrazit (Fb 3550) und Grau (Fb 2554) sowie 50 g oder ein Rest in Rot (Fb 3534)*

für die Mütze:

- *je 50 g oder Reste in den o. g. Farben*
- *2 Edelweißknöpfe (Seco)*
- *Stricknadeln Nr. 4*
- *Häkelnadel Nr. 3*
- *Sticknadel ohne Spitze*

Strickmuster

Immer mit doppeltem Faden stricken! Bei Qualität Extra je 1 Faden in Anthrazit und Grau verwenden.

Kraus rechts:
Jede Reihe rechts stricken.

Glatt rechts:
Hinreihen rechte Maschen, Rückreihen linke Maschen stricken.

Patentmasche:
In Hinreihen die Maschen mit dem Umschlag links abheben, in Rückreihen Maschen und Umschlag rechts zusammenstricken.

Bündchenmuster:
2 Maschen rechts, 2 Maschen links im Wechsel stricken.

Maschenprobe

Mit doppeltem Faden kraus rechts: 18 Maschen und 34 Reihen = 10 cm x 10 cm

Anleitung für Weste und Jacke

Rücken- und Vorderteile:
Sie werden in einem Stück gestrickt. 136/152 Maschen mit je 1 Faden in Anthrazit und Grau anschlagen und kraus rechts stricken. In 8/9 (10/11) cm Höhe weiter mit doppeltem Faden in Graumeliert arbeiten, dabei in der 1. Reihe für die Umschlagblenden beidseitig je 8 Maschen zunehmen = 152/168 Maschen und wie folgt stricken: Randmasche, 7 Maschen kraus rechts Patentmaschen (Bruchkante), 134/150 Maschen kraus rechts, 1 Patentmasche, 7 Maschen kraus rechts, Randmasche. In 18/21 (20/23) cm Höhe die Arbeit in 3 Teile teilen: 39/43 Maschen stricken, 6 Maschen

abketten, 62/70 Maschen stricken, 6 Maschen abketten und 39/43 Maschen stricken. Nun zunächst über die letzten 39/43 Maschen das **linke Vorderteil** beenden, die übrigen Maschen stilllegen. Für den Armausschnitt an der rechten Kante in jeder 2. Reihe noch 1x 2 und 3x 1 Masche abketten = 34/38 Maschen. In 26/30 (30/34) cm Höhe für den Halsausschnitt an der linken Kante 1x 14 Maschen, dann in jeder 2. Reihe 1 x 2 und 4x 1/5x 1 Masche abketten. In 32/36 (36/40) cm Höhe die restlichen 14/17 Schultermaschen gerade abketten.
Das **rechte Vorderteil** gegengleich beenden. Nun über die 62/70 Maschen des **Rückenteils** weiterarbeiten und die Armausschnitte beidseitig wie beim linken Vorderteil arbeiten = 52/60 Maschen. In 30/34 (34/38) cm Höhe für den Halsausschnitt die mittleren 14/16 Maschen gerade, beidseitig davon in jeder 2. Reihe noch 1x 3 und 1x 2 Maschen abketten. In 32/36 (36/40) cm Höhe die restlichen 14/17 Schultermaschen gerade abketten.

Ärmel:
34/38 Maschen mit je 1 Faden in Anthrazit und Grau anschlagen und kraus rechts stricken. In 10/11 cm Höhe weiter mit doppeltem Faden in Graumeliert arbeiten. Dabei ab Anschlag für die Ärmelschrägungen beidseitig in jeder 6. Reihe 13x 1 Masche/abwechselnd in jeder 6. und 8. Reihe 13x 1 Masche zunehmen = 60/64 Maschen. In 24/28 cm Höhe beidseitig in jeder 2. Reihe 1x 4, 2x 2, 2x 1, 1x 2 und 1x 3 Maschen, dann die restlichen 30/34 Maschen abketten. Den 2. Ärmel ebenso stricken.

Ausarbeitung:
Die Teile spannen, anfeuchten und trocknen lassen. Die Schulternähte schließen, bei der Jacke die Ärmel einnähen. Halsausschnitt und Umschlagblenden sowie bei der Weste die Armausschnittkanten mit einfachem Faden in Anthrazit mit 1 Reihe Krebsmaschen (= feste Maschen von links nach rechts) umhäkeln, dabei die Kanten etwas einhalten. Auf alle Farbübergänge mit einfachem Faden in Rot 1 Reihe Kreuzstiche über 2 Maschen in der Breite und 4 Reihen in der Höhe besticken. Die Umschlagblenden nach außen legen, an die oberen Kanten je 1 Knopf nähen, dabei auch die Vorderteile mitfassen.

Anleitung für die Mütze
68/74 Maschen mit je 1 Faden in Anthrazit und Grau anschlagen und 8 cm im Bündchenmuster stricken. Weiter kraus rechts im Wechsel je 11/12 Maschen mit Anthrazit und Grau bzw. mit 2 Fäden in Graumeliert stricken (die Randmasche zusätzlich jeweils in der angrenzenden Farbe). Dabei beim Farbwechsel die Fäden auf der Rückseite der Arbeit verkreuzen. Für die Abnahmen bei jeder der 6 Farbflächen abwechselnd die 2. und die 3. Masche und bei der nächsten Abnahme die 2. und 3. letzte Masche rechts zusammenstricken. Die erste Abnahme in 7/8 cm Höhe ab Bündchen arbeiten, dann in jeder 4. Reihe 6x/7x und in jeder 2. Reihe 2x wiederholen. Die restlichen 14 Maschen mit dem Arbeitsfaden fest zusammenziehen. Die Naht schließen. Alle Farbübergänge wie bei der Jacke beschrieben besticken. Einen ca. 10 cm langen Zopf in Rot flechten und an die Mützenspitze nähen.

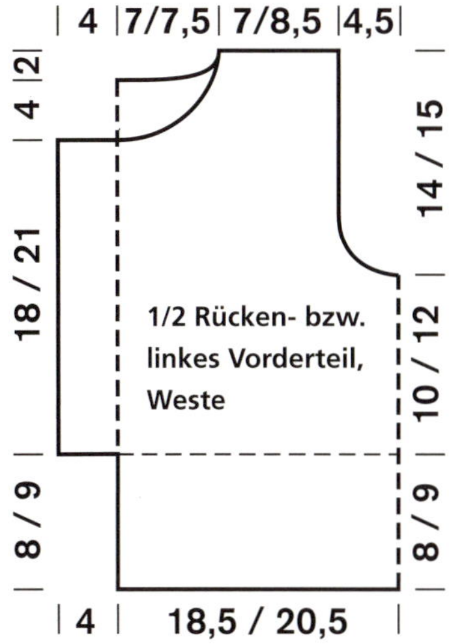

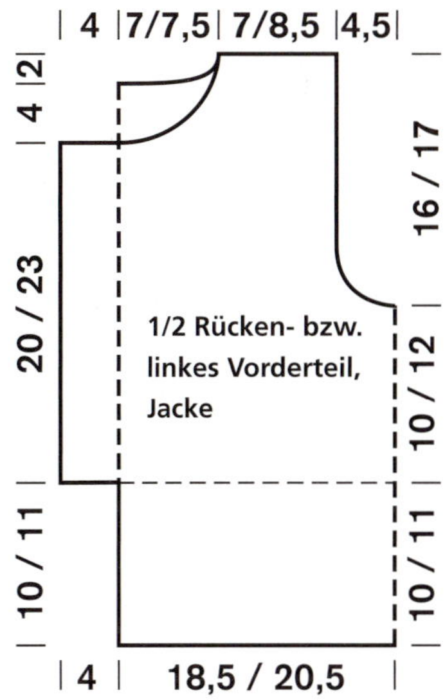

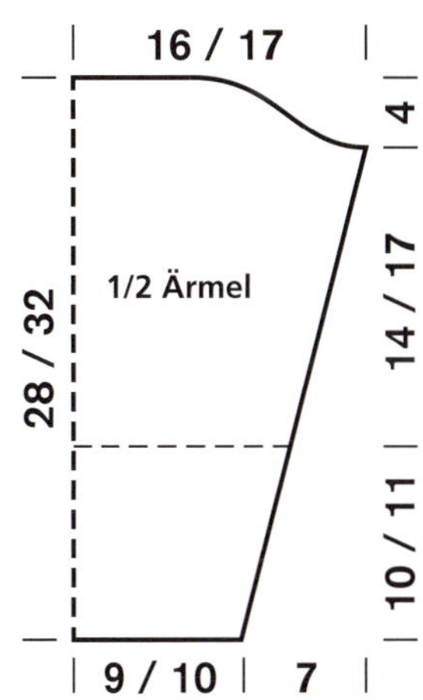

Zöpfchenpulli

Größe 92/98 und 116/122
Die abweichenden Angaben für die größere Größe stehen jeweils hinter dem Schrägstrich.

Material

- *Schachenmayr Kent (80% Schurwolle, 20% Polyamid, LL ca. 100 m/50 g), 350/400 in Graumeliert (Fb 82)*
- *3 Metallknöpfe (Seco),*
- *1 Lederschließe und 2 Hühner-Pins (beides von Fellmann)*
- *Stricknadeln Nr. 5*
- *Häkelnadel Nr. 4,5*

Strickmuster

Glatt rechts:
Hinreihen rechte Maschen, Rückreihen linke Maschen.

Grundmuster:
Siehe Strickschrift. Es sind nur die Hinreihen gezeichnet, in den Rückreihen alle Maschen stricken, wie sie erscheinen. Die 1. bis 12. Reihe stets wiederholen.

Maschenprobe

Glatt rechts: 17 Maschen und 28 Reihen = 10 cm x 10 cm.
Die 8 Maschen Rapport A bzw. B = 4 cm, die 48 Maschen Mittelmotiv = 22 cm breit, 28 Reihen = 10 cm hoch

Anleitung

Rückenteil:
74/90 Maschen anschlagen und im Grundmuster stricken: Randmasche, die ersten 4 Maschen der Zeichnung, 1x/2x Rapport A, die 48 Maschen Mittelmotiv, 1x/2x Rapport B, die letzten 4 Maschen der Zeichnung, Randmasche. In 14 cm Höhe beidseitig in jeder 2. Reihe 6x 1 Masche abketten = 62/78 Maschen. In 28/32 cm Höhe für den Halsausschnitt die mittleren 22/26 Maschen gerade, beidseitig davon in jeder 2. Reihe 1x 3 und 1x 2 Maschen abketten. In 30/34 cm Höhe die restlichen 15/21 Schultermaschen gerade abketten.

Vorderteil:
Wie das Rückenteil stricken, jedoch in 24/28 cm Höhe für den Halsausschnitt die mittleren 8/12 Maschen gerade, beidseitig davon in jeder 2. Reihe 2x 3, 2x 2 und 2x 1 Masche abketten. In 30/34 cm Höhe die restlichen 15/21 Schultermaschen gerade abketten.

Ärmel:
38/42 Maschen anschlagen und

im Grundmuster stricken: Randmasche, die 7./5. bis 42./44. Masche des Mittelmotivs, Randmasche. Dabei für die Ärmelschrägungen beidseitig in jeder 4. Reihe 16x 1 Masche / in jeder 4. Reihe 14x 1 Masche und abwechselnd in jeder 2. und 4. Reihe 8x 1 Masche zunehmen = 70/86 Maschen. In 25/30 cm Höhe beidseitig in jeder 2. Reihe abwechselnd 1x 2 und 1x 1 Masche, insgesamt 8 Maschen, dann die übrigen 54/70 Maschen abketten. Den 2. Ärmel ebenso stricken.

Ausarbeitung:

Die Teile spannen, anfeuchten und trocknen lassen. Die Schulternähte schließen, die Ärmel annähen, dann Seiten- und Ärmelnähte schließen. Den Halsausschnitt und die unteren Ärmelränder mit 1 Runde fester Maschen und 1 Runde Krebsmaschen (= feste Maschen von links nach rechts) umhäkeln. Die untere Pulloverkante umhäkeln: Auf je 10 cm 15–16 feste Maschen häkeln = 108/132 feste Maschen, die Runde mit 1 Kettmasche schließen. Weiter * 8 Luftmaschen, dann 1 feste Masche in die 6. feste Masche der Vorrunde, ab * wiederholen = 18/22 Bogen. Nun mit 4 Kettmaschen in die Mitte des 1. Luftmaschen-Bogens häkeln, dann * 9 Luftmaschen, 1 feste Masche um den folgenden Luftmaschen-Bogen, ab * wiederholen. Für die Zopffransen ca. 21 cm lange Fäden schneiden, je 8 Fäden als Franse in die Luftmaschen-Bogen einknüpfen, dann die Fäden zu Zöpfen flechten. Die Zopfenden mit einem Faden zusammenbinden.
Die Knöpfe annähen, die Lederschließe mit den Hühner-Pins anstecken.

Zeichenerklärung

- = 1 Masche rechts
- = 1 Masche links
- = 1 Masche mit einer Hilfsnadel vor die Arbeit legen, 1 Masche rechts, dann die Maschen der Hilfsnadel rechts stricken
- = 1 Masche mit einer Hilfsnadel hinter die Arbeit legen, 3 Maschen rechts, dann die Maschen der Hilfsnadel rechts stricken
- = 3 Maschen mit einer Hilfsnadel vor die Arbeit legen, 1 Masche rechts, dann die Maschen der Hilfsnadel rechts stricken
- = 1 Masche mit einer Hilfsnadel hinter die Arbeit legen, 3 Maschen rechts, dann die Maschen der Hilfsnadel links stricken
- = 3 Maschen mit einer Hilfsnadel vor die Arbeit legen, 1 Masche links, dann die Maschen der Hilfsnadel rechts stricken
- = 3 Maschen mit einer Hilfsnadel vor die Arbeit legen, 3 Maschen rechts, dann die Maschen der Hilfsnadel rechts stricken
- = 3 Maschen mit einer Hilfsnadel hinter die Arbeit legen, 3 Maschen rechts, dann die Maschen der Hilfsnadel links stricken
- = 3 Maschen mit einer Hilfsnadel vor die Arbeit legen, 3 Maschen links, dann die Maschen der Hilfsnadel rechts stricken
- = 4 Maschen mit einer Hilfsnadel vor die Arbeit legen, 4 Maschen rechts, dann die Maschen der Hilfsnadel rechts stricken

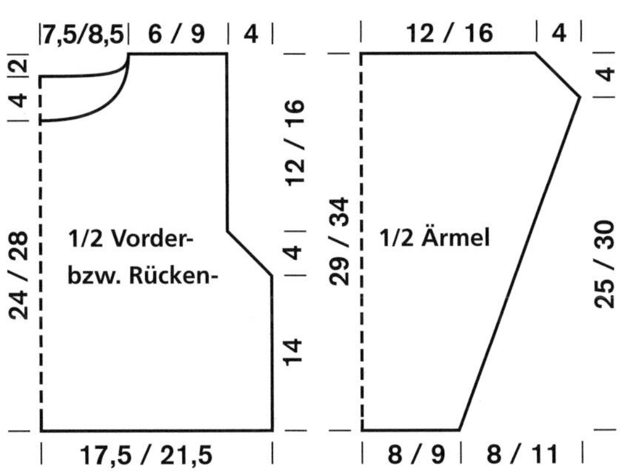

Strickschrift für das Grundmuster

Material

- Schachenmayr Kent (80% Schurwolle, 20% Polyamid, LL ca. 100 m/50 g), 300/400 in Graumeliert (Fb 82)
- Schachenmayr Alpina (100% Schurwolle, LL ca. 90 m/50 g), je 50 g in Weiß (Fb 01) und Dunkelgrau (Fb 98)
- 3 Edelweißknöpfe (von Seco)
- Stricknadeln Nr. 5
- Häkelnadel Nr. 5
- Sticknadel ohne Spitze

Polopulli mit Edelweiß

Größe 110/116 und 134/140
Die abweichenden Angaben für die größere Größe stehen jeweils hinter dem Schrägstrich.

Strick- und Stickmuster

Perlmuster:
1 Masche rechts, 1 Masche links im Wechsel, das Muster in jeder Reihe versetzt stricken.
Grosses Perlmuster:
1 Masche rechts, 1 Masche links im Wechsel, das Muster nach jeweils 2 Reihen versetzt stricken.
Gesticktes Edelweiß:
Mit doppeltem Faden in Weiß 6 Blütenblätter mit ca. 1 cm langen Kettenstichen arbeiten; in die Mitte 3 Kettenstiche, beidseitig davon je 2 schräge Kettenstiche. Zwischen den Blütenblättern für die Konturen Stielstiche in Dunkelgrau arbeiten.

Maschenprobe

Im Grossen Perlmuster:
16 Maschen und 26 Reihen = 10 cm x 10 cm

Anleitung

Rückenteil:
63/73 Maschen in Graumeliert anschlagen und im Grossen Perlmuster stricken. In 26/28 cm Höhe für die Armausschnitte beidseitig in jeder 2. Reihe 5x 1 Masche abketten = 53/63 Maschen. In 42/48 cm Höhe für den Halsausschnitt die mittleren 11/15 Maschen gerade, beidseitig davon in jeder 2. Reihe 1x 3 und 1x 2 Maschen abketten. In 44/50 cm Höhe die restlichen 16/19 Schultermaschen gerade abketten.

Vorderteil:
Wie das Rückenteil stricken, jedoch in 29/35 cm Höhe für den Schlitz die Mittelmaschen abketten und beide Seiten über 26/31 Maschen getrennt beenden. In 39/45 cm Höhe für den Halsausschnitt am inneren Rand 1x 4/1x 5 Maschen, dann in jeder 2. Reihe 1x 3, 1x 2 und 1x 1/2x 1 Masche abketten. In 44/50 cm Höhe die restlichen 16/19 Schultermaschen gerade abketten.

Ärmel:
31/33 Maschen in Graumeliert anschlagen und im Grossen Perlmuster stricken. Dabei für die Ärmelschrägungen beidseitig in jeder 6. Reihe 4x 1 Masche und abwechselnd in jeder 4. und 6. Reihe 10x 1 Masche/abwechselnd in jeder 4. und 6. Reihe 12x 1 Masche und in jeder 4. Reihe 8x 1 Masche zunehmen = 59/73 Maschen. In 30/37 cm Höhe beidseitig in jeder 2. Reihe 3x 1 und 1x 2 Maschen, dann die übrigen 49/63 Maschen gerade abketten.
Den 2. Ärmel ebenso stricken.

Ausarbeitung:
Die Teile spannen, anfeuchten und trocknen lassen. Das Edelweiß unterhalb des Schlitzes aufsticken. Die Schulternähte schließen, die Ärmel annähen, dann Seiten- und Ärmelnähte schließen; an den unteren Seitenkanten ca. 5 cm für die Schlitze offen lassen. Aus dem Halsausschnitt ca. 48/54 Maschen in Graumeliert aufnehmen und 7 cm im Perlmuster anstricken. Die vorderen Schlitzkanten und den Kragen mit 1 Runde fester Maschen in Dunkelgrau umhäkeln, dabei ca. 1 cm von den Rändern entfernt einstechen. Außerdem an den Kragenecken je 3 feste Maschen in eine Einstichstelle arbeiten. An einem Schlitzrand (für Mädchen am rechten, für Jungen am linken Rand) 3 Knopflochschlingen arbeiten; die 1. ca. 1 cm vom oberen Kragenrand entfernt, die übrigen 2 im Abstand von ca. 3,5 cm. Für jede Schlinge zwischen den festen Maschen je 10 Luftmaschen häkeln. Die unteren Pullover- und Schlitzkanten sowie die Ärmelkanten ebenso behäkeln. Die Knöpfe annähen.

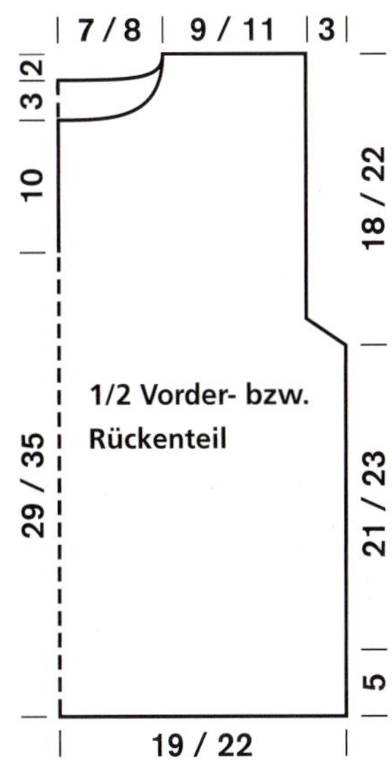

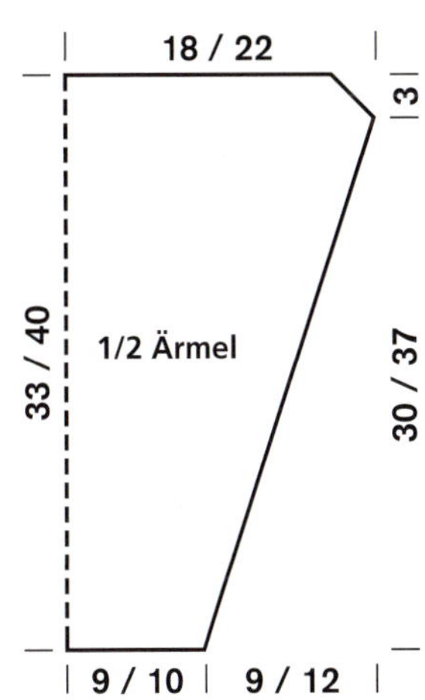

Freche Farben und starke Muster

Grüner Pulli mit Zopf- und Strukturmuster

Material
- *Schachenmayr Universa (55% Schurwolle, 45% Polyacryl, LL ca. 125 m/50 g) 400/500 g in Hellgrün (Fb 77)*
- *Stricknadeln Nr. 3–3,5*
- *Rundstricknadel Nr. 2,5–3 (40 cm lang)*

Größe 98/104 und 128/134
Die abweichenden Angaben für die größere Größe stehen jeweils hinter dem Schrägstrich.

Strickmuster
Bündchenmuster,
Nadeln Nr. 2,5–3: 2 Maschen rechts, 2 Maschen links im Wechsel stricken.

Glatt links,
Nadeln Nr. 3–3,5: Hinreihen linke Maschen, Rückreihen rechte Maschen, in Runden nur linke Maschen.

Strukturmuster,
Nadeln Nr. 3–3,5: Siehe Strickschrift. Es ist jede Reihe gezeichnet, 1 Kästchen = 1 Masche. Die Hinreihen von rechts nach links, die Rückreihen von links nach rechts lesen. Nach der 1. bis 10. Reihe die 11. bis 22. Reihe stets wiederholen.

Maschenprobe
Im Strukturmuster:
31 Maschen und 36 Reihen = 10 cm x 10 cm

Anleitung
Rückenteil:
104/122 Maschen anschlagen und für den Rollrand 2 cm glatt links stricken. Weiter im Strukturmuster arbeiten, die 1. Reihe ist eine Rückreihe (von links nach rechts lesen): die letzten 4 Maschen der Zeichnung, 5x/6x den Rapport von 18 Maschen und die ersten 10 Maschen der Zeichnung = 116/136 Maschen nach der 3. Reihe. In 21/27 cm Höhe (nach 70/90 Reihen ab Rollrand) für die Armausschnitte beidseitig in jeder 2. Reihe 10x 1 Masche abketten = 96/116 Maschen. In 36/46 cm Höhe (nach 122/158 Reihen ab Rollrand) für die Schultern beidseitig in jeder 2. Reihe 2x 10 und 1x 11 Maschen/1x 12 und 2x 13 Maschen abketten. In 37/47 cm Höhe die restlichen 34/40 Maschen für den Halsausschnitt abketten.

Vorderteil:
Wie das Rückenteil stricken, jedoch in 33/43 cm Höhe (nach 112/148 Reihen ab Rollrand) für den Halsausschnitt die mittleren 14/20 Maschen gerade, beidseitig davon in jeder 2. Reihe 1x 3, 2x 2 und 3x 1 Masche abketten. In 36/46 cm Höhe die Schultern wie beim Rückenteil stricken.

Rechter Ärmel:
50/62 Maschen anschlagen und für den Rollrand 2 cm glatt links stricken. Weiter im Strukturmuster für Größe 98/104 nach der Randmasche 2x den Rapport von 18 Maschen stricken, mit der 1. bis 12. Masche des Rapports, Randmasche enden, für Größe 128/134 Randmasche, die 13. bis 18. Masche des Rapports, 3x den Rapport von 18 Maschen, Randmasche = 54/70 Maschen nach der 3. Reihe. Dabei für die Ärmelschrägungen beidseitig in der 11. Reihe 1x 1 Masche, dann in jeder 4. Reihe 4x 1/21x 1 Masche und abwechselnd in jeder 2. und 4. Reihe 22x 1/10x 1 Masche zunehmen = 108/132 Maschen. In 29/38 cm Höhe (nach 98/130 Reihen ab Rollrand) beidseitig in jeder 2. Reihe 3x 3 und 3x 2 Maschen, dann 1x 31/1x 43 Maschen abketten. Für die Schulterpasse über die restlichen 16 Maschen noch 9,5/11,5 cm gerade hoch stricken, dann von der rechten Kante aus in jeder 2. Reihe 1x 8 und 2x 3 Maschen, dann die restlichen 2 Maschen abketten.
Den linken Ärmel gegengleich stricken.

Ausarbeitung:
Die Teile spannen, anfeuchten und trocknen lassen. Zuerst die Schulterpassen an Vorder- und Rückenteil nähen, dann die Ärmel annähen und Seiten- und Ärmelnähte schließen. Aus dem Halsausschnitt mit der Rundstricknadel ca. 100/116 Maschen aufnehmen, 1 Runde linke Maschen, 3 cm im Bündchenmuster und für den Rollrand noch 2 cm linke Maschen stricken, dann die Maschen abketten.

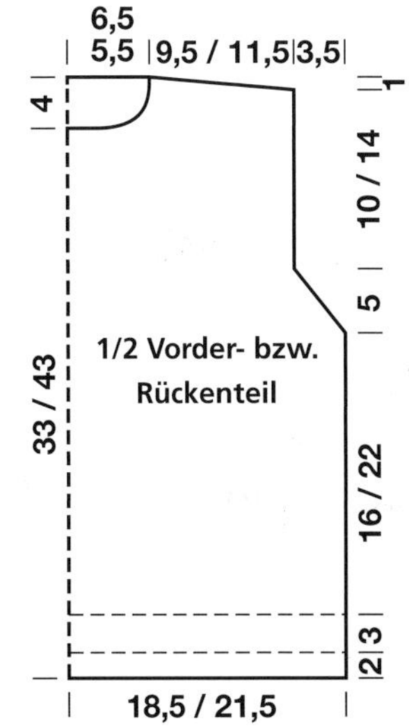

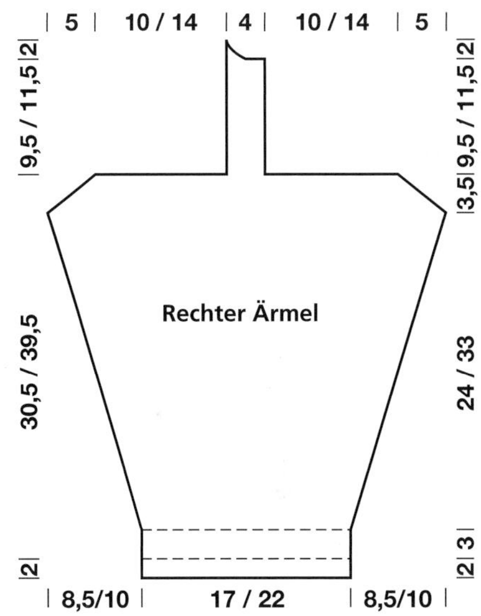

Strickschrift für das Strukturmuster

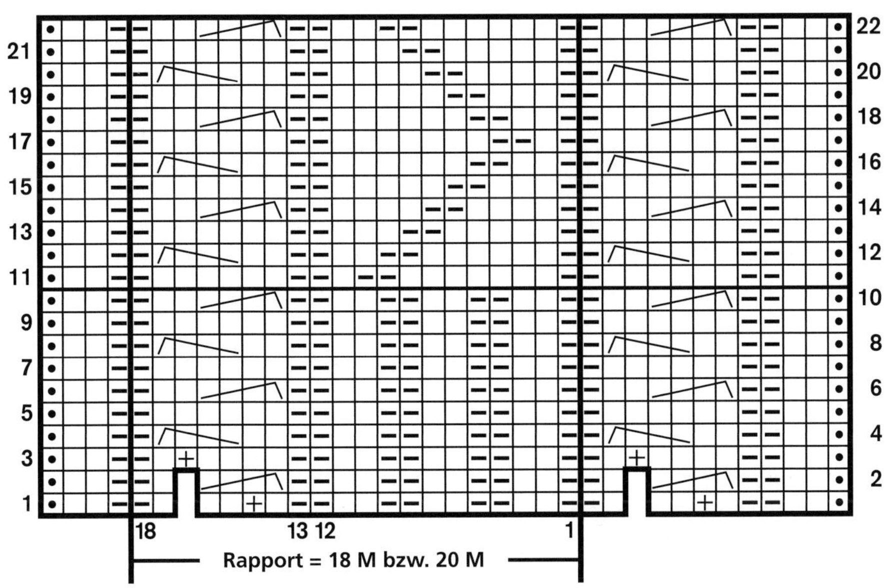

Zeichenerklärung

- = Randmasche
- = Hinreihen rechte Maschen, Rückreihen linke Maschen
- = Hinreihen linke Maschen, Rückreihen rechte Maschen
- = 1 Masche links verschränkt aus dem Querfaden zunehmen
- = 2 Maschen mit einer Hilfsnadel hinter die Arbeit legen, 2 Maschen rechts, dann die Maschen der Hilfsnadel rechts stricken
- = 2 Maschen mit einer Hilfsnadel vor die Arbeit legen, 2 Maschen rechts, dann die Maschen der Hilfsnadel rechts stricken

Blauer Patentpullover mit Zopf

Größe 98/104 und 116/122
Die abweichenden Angaben für die größere Größe stehen jeweils hinter dem Schrägstrich.

Material

- *Schachenmayr Universa (55% Schurwolle, 45% Polyacryl, LL ca. 125 m/50 g), 400/500 g in Sea (Fb 52)*
- *Stricknadeln Nr. 3*
- *Rundstricknadel (40 cm lang) oder Nadelspiel Nr. 3*

Strickmuster

Bündchenmuster:
1 Masche rechts, 1 Masche links im Wechsel stricken.

Halbpatent:
In Hinreihen im Wechsel 1 Masche links, dann 1 Masche rechts stricken, dabei 1 Reihe tiefer in die Masche der Vorreihe einstechen (die Masche darüber löst sich auf). In Rückreihen die Maschen stricken, wie sie erscheinen.

Patentzopf:
Siehe Strickschrift. Es sind nur die Hinreihen gezeichnet, in den Rückreihen die Maschen stricken, wie sie erscheinen.
Die 1. bis 16. Reihe stets wiederholen.

Maschenprobe

Im Halbpatent: 22 Maschen und 48 Reihen = 10 cm x 10 cm.
Die 13 Maschen Patentzopf sind 5 cm breit.

Anleitung

Rückenteil:
91/99 Maschen anschlagen, 2 cm im Bündchenmuster stricken, die 1. Rückreihe mit 1 Masche rechts, 1 Masche links beginnen.

Weiter wie folgt stricken: Randmasche, 38/42 Maschen Halbpatent, 13 Maschen Patentzopf, 38/42 Maschen Halbpatent, Randmasche. In 20/24 cm Höhe (nach 88/106 Reihen ab Bündchen) beidseitig für die Raglanschrägungen 1x 4 Maschen abketten = 83/91 Maschen, dann in jeder 4. Reihe 8x 1/9x 1 Masche und in jeder 2. Reihe 22x 1/25x 1 Masche abnehmen. Dafür am Anfang der Reihe die Randmasche und 3 Maschen stricken, die folgende Masche rechts abheben, 1 Masche rechts stricken und die abgehobene Masche überziehen; bis 6 Maschen vor Ende der Reihe stricken, dann 2 Maschen rechts zusammenstricken. In 36/42 cm Höhe (nach 164/192 Reihen ab Bündchen) die restlichen 23 Maschen für den Halsausschnitt stilllegen.

Vorderteil:
Wie das Rückenteil stricken, jedoch für die Raglanschrägungen in jeder 4. Reihe 8x 1/9x 1 Masche und in jeder 2. Reihe nur 18x 1/21x 1 Masche abketten. Zugleich in 32/38 cm Höhe (nach 144/174 Reihe ab Bündchen) für den Halsausschnitt die mittleren 13 Maschen stilllegen, beidseitig davon in jeder 2. Reihe 1x 3 und 2x 2 Maschen, dann die restlichen 2 Maschen abketten.

Linker Ärmel:
47 Maschen anschlagen 2 cm im Bündchenmuster stricken, die 1. Rückreihe mit 1 Masche rechts, 1 Masche links beginnen. Weiter wie folgt stricken: Randmasche, 16 Maschen Halbpatent, 13 Maschen Patentzopf, 16 Maschen Halbpatent, Randmasche. Für die Ärmelschrägungen beidseitig in jeder 6. Reihe 18x 1/22x 1 Masche zunehmen = 83/91 Maschen. In 25/30 cm Höhe (nach 112/136 Reihen ab Bündchen) beidseitig für die Raglanschrägungen 1x 4 Maschen abketten = 75/83 Maschen, dann beidseitig in jeder 4. Reihe 8x 1/9x 1 Masche und in jeder 2. Reihe 18x 1/21x 1 Masche, danach an der rechten Kante (Rückenteil) in jeder 2. Reihe noch 4x 1 Masche und an der linken Kante (Vorderteil) in jeder 2. Reihe 1x 10, 3x 2 und 1x 3 Maschen abketten. Gesamthöhe = 42/48 cm. Den rechten Ärmel gegengleich stricken.

Ausarbeitung:
Die Teile spannen, anfeuchten und trocknen lassen. Die Raglannähte, dann Seiten- und Ärmelnähte schließen. Aus dem Halsausschnitt mit dem Nadelspiel oder der Rundstricknadel die stillgelegten 23 Maschen des Rückenteils und die 13 Maschen des Vorderteils wieder in Arbeit nehmen, dazwischen aus dem Ausschnitt je ca. 30 Maschen aufnehmen = 96 Maschen und 6 cm im Bündchenmuster stricken, dann die Maschen locker abketten. Die Halsblende zur Hälfte nach innen umnähen.

Strickschrift für den Patentzopf

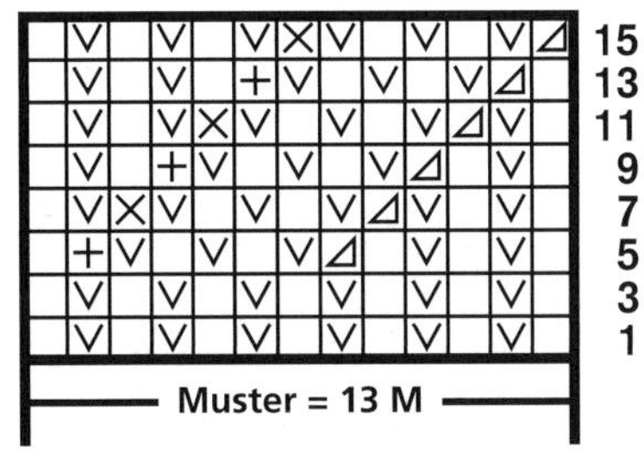

Zeichenerklärung

- = 1 Masche links
- = 1 Masche tiefer in die Masche der Vorreihe einstechen und rechts stricken, die Masche darüber löst sich auf
- = 2 Maschen links zusammenstricken
- = 1 Masche rechts verschränkt aus dem Querfaden zunehmen
- = 1 Masche links verschränkt aus dem Querfaden zunehmen

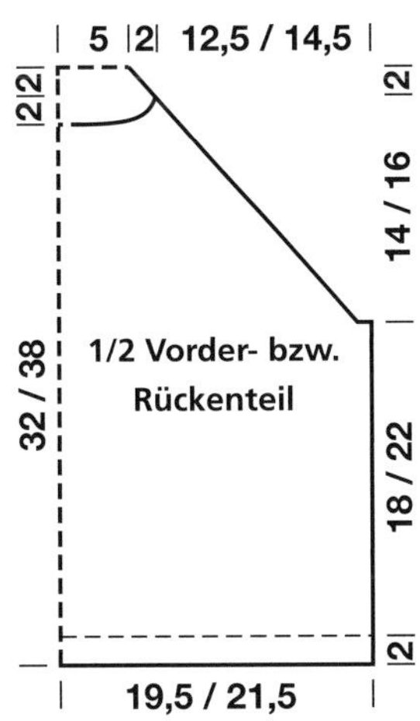

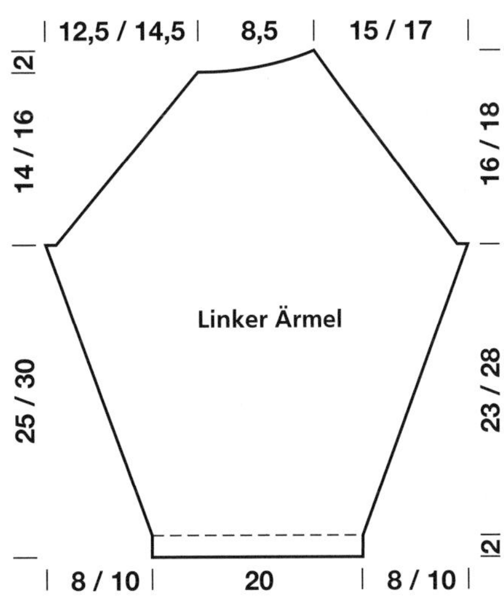

Pinkfarbene Jacke mit Stickerei

Größe 98/104 und 122/128
Die abweichenden Angaben für die größere Größe stehen jeweils hinter dem Schrägstrich.

Material

- *Schachenmayr Extra (100% Schurwolle, LL ca. 125 m/50 g), 400/500 g in Pink (Fb 3517)* ***für die Stickerei***
- *Regia 4-fädig Ringelcolor (75% Schurwolle, 25% Polyamid, LL ca. 210 m/50 g), 50 g in Ringel-Clown (FB5048)*
- *5 Knöpfe (Union Knopf)*
- *Stricknadeln Nr. 3–4*
- *Häkelnadel Nr. 3*
- *Sticknadel ohne Spitze*

Strickmuster

Kraus rechts:
Jede Reihe rechts stricken.
Grundmuster:
Siehe Strickschrift. Es sind nur die Hinreihen gezeichnet, in den Rückreihen die Maschen stricken, wie sie erscheinen.
Für das Bündchen die 1. und 2. Reihe 5x stricken = 10 Reihen, dann die 3. bis 10. Reihe stets wiederholen.

Maschenprobe

36 Maschen und 36 Reihen = 10 cm x 10 cm

Anleitung

Die Jacke wird bis zu den Armausschnitten in einem Stück gestrickt. 254/298 Maschen anschlagen und die 1. Rückreihe wie folgt stricken: Randmasche, 1 Masche rechts, 3 Maschen links, 2 Maschen rechts, 3 Maschen links, * 3 Maschen rechts, 3 Maschen links, 2 Maschen rechts, 3 Maschen links, ab * wiederholen, enden mit 1 Masche rechts, Randmasche. Dann im Grundmuster stricken: Randmasche, die 1. Masche der Strickschrift, 22x/26x den Rapport von 11 Maschen, die letzten 9 Maschen, Randmasche. In 22/26 cm Höhe (nach 68/84 Reihen ab Bündchen) für die Armausschnitte die Arbeit in 3 Teile teilen und wie folgt stricken: 57/68 Maschen stricken, 8 Maschen abketten, 124/146 Maschen stricken, 8 Maschen abketten und 57/68 Maschen stricken. Nun über die letzten 57/68 Maschen das **linke Vorderteil** beenden, die übrigen Maschen stilllegen. Für den Arm-

ausschnitt an der rechten Kante in jeder 2. Reihe 5x 2 Maschen abketten = 47/58 Maschen. In 33/41 cm Höhe (nach 108/138 Reihen ab Bündchen) für den Halsausschnitt an der linken Kante 1x 5/1x 8 Maschen, dann in jeder 2. Reihe 1x 3, 2x 2 und 4x 1 Masche abketten. In 38/46 cm Höhe (nach 126/156 Reihen ab Bündchen) die restlichen 31/39 Schultermaschen abketten. Das **rechte Vorderteil** gegengleich beenden.
Nun über die 124/146 Maschen das Rückenteil beenden, dabei die Armausschnitte beidseitig wie beim linken Vorderteil stricken = 104/126 Maschen. In 36/44 cm Höhe (nach 120/148 Reihen ab Bündchen) für den Halsausschnitt die mittleren 32/38 Maschen gerade, beidseitig davon in jeder 2. Reihe 1x 3 und 1x 2 Maschen abketten. In 38/46 cm Höhe die restlichen 31/39 Schultermaschen gerade abketten.

Ärmel:
56/67 Maschen anschlagen und die 1. Rückreihe wie beim Rückenteil beschrieben stricken. Dann im Grundmuster arbeiten: Randmasche und die 1. Masche der Strickschrift, 4x/5x den Rapport von 11 Maschen, die letzten 9 Maschen der Strickschrift, Randmasche. Dabei für die Ärmelschrägungen beidseitig abwechselnd in jeder 2. und 4. Reihe 20x 1/24x 1 Masche und in jeder 2. Reihe 11x 1/16x 1 Masche zunehmen = 118/147 Maschen. In 27/33 cm Höhe (nach 86/108 Reihen ab Bündchen) beidseitig 1x 4 Maschen, dann in jeder 2. Reihe 1x 3, 1x 2, 3x 1, 1x 2 und 1x 3 Maschen, dann die restlichen 84/113 Maschen abketten. Gesamthöhe = 31/37 cm. Den 2. Ärmel ebenso stricken.

Kragen:
An der Außenkante beginnen. 80 Luftmaschen anschlagen und wie folgt häkeln: 1. Reihe (Hinreihe): 1 Luftmasche zum Wenden, dann feste Maschen häkeln. 2. Reihe (Rückreihe): 1 Luftmasche zum Wenden, dann feste Maschen mit Schlingen arbeiten. Dafür vor dem Durchholen des Fadens durch die folgende Maschen zuerst den Faden um den Mittelfinger der linken Hand oder um ein ca. 1,5 cm breites Stäbchen legen, dann die feste Masche häkeln. Die 1. und 2. Reihe insgesamt 5x arbeiten, dann noch 2 Reihen ohne Schlingen häkeln. Zugleich in der 5. und in der 9. Reihe verteilt je 6 Maschen abnehmen = 68 Maschen.

Ausarbeitung:
Die Teile spannen, anfeuchten und trocknen lassen. Auf alle Jackenteile verteilt Blüten aufsticken. Dafür mit doppeltem Faden Ringelcolor je 5 Margeritenstiche jeweils auf die Zöpfe sticken. Alle Nähte schließen und die Ärmel einnähen. Aus den vorderen Kanten je ca. 100/124 Maschen aufnehmen und 8 Reihen kraus rechts anstricken. Dabei nach 3 Reihen in die rechte Blende 5 Knopflöcher einarbeiten. Das 1. in 2 cm Höhe von der unteren Kante entfernt, die übrigen im Abstand von 7,5/9,5 cm. Für ein Knopfloch 2 Maschen abketten und in der nächsten Reihe wieder neu anschlagen. Den Kragen jeweils bis zur Blendenmitte annähen. Die Knöpfe annähen.

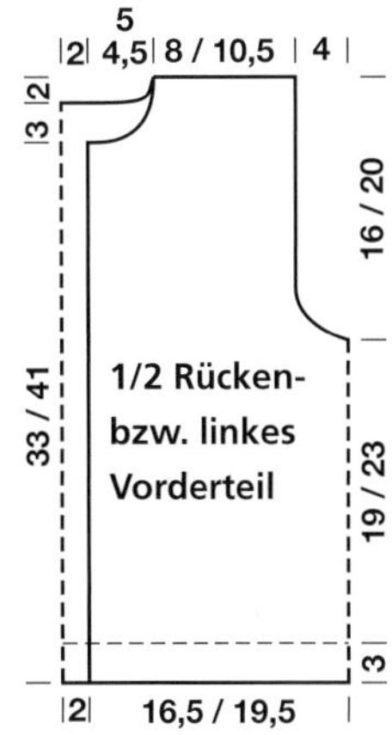

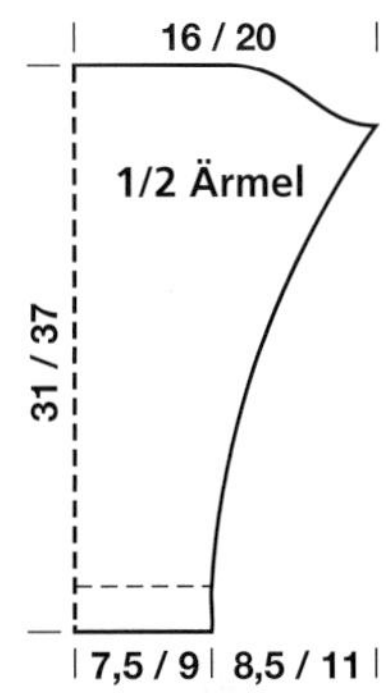

Zeichenerklärung

= 1 Masche rechts

= 1 Masche links

= 3 Maschen mit einer Hilfsnadel hinter die Arbeit legen, 3 Maschen rechts, dann die Maschen der Hilfsnadel rechts stricken

= 3 Maschen mit einer Hilfsnadel vor die Arbeit legen, 3 Maschen rechts, dann die Maschen der Hilfsnadel rechts stricken

Strickschrift für das Grundmuster

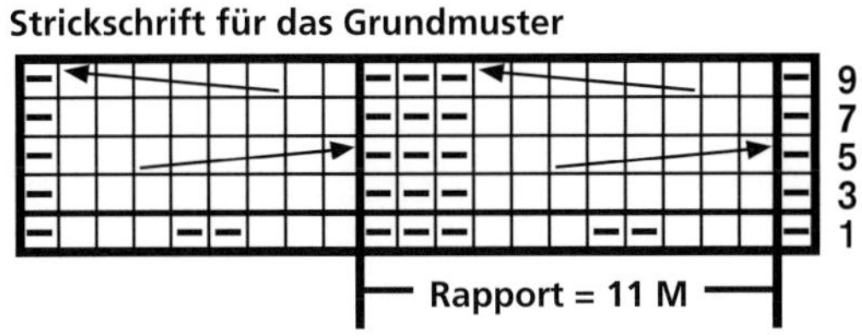

Troyer im Halbpatent

Größe 98/104 und 116/122
Die abweichenden Angaben für die größere Größe stehen jeweils hinter dem Schrägstrich.

Material

- *Schachenmayr Universa Color (55% Schurwolle, 45% Polyacryl, LL ca. 125 m/50 g), 400/500 g in Grau Color (Fb 96)*
- *Reißverschluss (15 cm)*
- *Stricknadeln Nr. 2,5–3 und Nr. 3–3,5*

Achtung

Damit der Farbverlauf des Garns keine Farbflächen bildet, immer mit 2 Knäueln arbeiten und abwechselnd je 2 Reihen mit dem 1. und dem 2. Knäuel stricken.

Strickmuster

Bündchenmuster,
Nadeln Nr. 2,5–3: 1 Masche rechts, 1 Masche links im Wechsel stricken.
Halbpatent,
Nadeln Nr. 3–3,5: Ungerade Maschen-Zahl.
1. Reihe (Hinreihe): Randmasche, * 1 Masche mit 1 Umschlag links abheben, 1 Masche rechts, ab * wiederholen, 1 Masche mit 1 Umschlag links abheben, Randmasche.

2. Reihe (Rückreihe): Randmasche, * die Maschen mit dem Umschlag rechts zusammenstricken, 1 Masche links, ab * wiederholen, die Maschen mit dem Umschlag rechts zusammenstricken, Randmasche.
Die 1. und 2. Reihe stets wiederholen.

Maschenprobe

Im Halbpatent: 22 Maschen und 48 = 10 cm x 10 cm

Anleitung

Rückenteil:
87/97 Maschen anschlagen und 3 cm im Bündchenmuster stricken, die 1. Rückreihe mit 1 Masche rechts, 1 Masche links beginnen.
Weiter im Halbpatent stricken. In 20/24 cm Höhe (nach 82/102 Reihen ab Bündchen) für die Raglanschrägungen beidseitig 1x 4 Maschen abketten = 79/89 Maschen, dann in jeder 4. Reihe 9x 1 Masche und in jeder 2. Reihe 20x 1/25x 1 Masche abnehmen. Dafür am Anfang der Reihe die Randmasche und 3 Maschen stricken, die folgende Masche rechts abheben, 1 Masche rechts stricken und die abgehobene Masche überziehen; bis 6 Maschen vor Ende der Reihe stricken, dann 2 Maschen rechts zusammenstricken. In 36/42 cm Höhe (nach 160/188 Reihen ab Bündchen) die restlichen 21 Maschen für den Halsausschnitt abketten.

Vorderteil:
Wie das Rückenteil stricken, jedoch für die Raglanschrägungen in jeder 4. Reihe 9x 1 Masche und in jeder 2. Reihe nur 16x 1/21x 1 Masche abketten. Zugleich in 22/28 cm Höhe (nach 92/120 Reihen ab Bündchen) für den Schlitz die Mittelmasche abketten und beide Seiten getrennt beenden. In 32/38 cm Höhe (nach 140/168 Reihen ab Bündchen) für den Halsausschnitt an der Schlitzkante 1x 5 und 3x 2 Maschen, dann die restlichen 3 Maschen abketten.

Linker Ärmel:
45 Maschen anschlagen und 3 cm im Bündchenmuster stricken, die 1. Rückreihe mit 1 Masche rechts, 1 Masche links beginnen.
Weiter im Halbpatent stricken und für die Ärmelschrägungen beidseitig für Größe 98/104 in jeder 8. Reihe 5x 1 Masche und in jeder 6. Reihe 11x 1 Masche, für Größe 116/122 in jeder 6. Reihe 21x 1 Masche zunehmen = 77/87 Maschen. In 26/30 cm Höhe (nach 110/130 Reihen ab Bündchen) beidseitig für die Raglanschrägungen 1x 4 Maschen abketten = 69/79 Maschen, dann an der rechten Kante wie beim Rückenteil, an der linken Kante wie beim Vorderteil beschrieben abnehmen. Nach der letzten vorderen Abnahme von dieser Kante aus für den Halsausschnitt in jeder 2. Reihe 1x 6, 3x 2, dann die restlichen 3 Maschen abketten. Gesamthöhe = 42/48 cm.
Den **rechten Ärmel** gegengleich stricken.

Ausarbeitung:
Die Teile spannen, anfeuchten und trocknen lassen. Die Raglannähte, dann Seiten- und Ärmelnähte schließen. Aus dem Halsausschnitt mit Nadeln Nr. 2,5–3 ca. 91 Maschen aufnehmen und 10 cm im Bündchenmuster stricken, dann die Maschen locker abketten. Den Reißverschluss annähen, dann die Halsblende zur Hälfte nach innen umnähen.

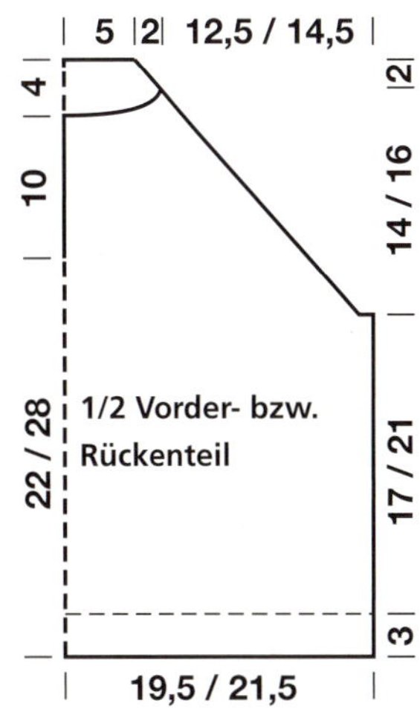

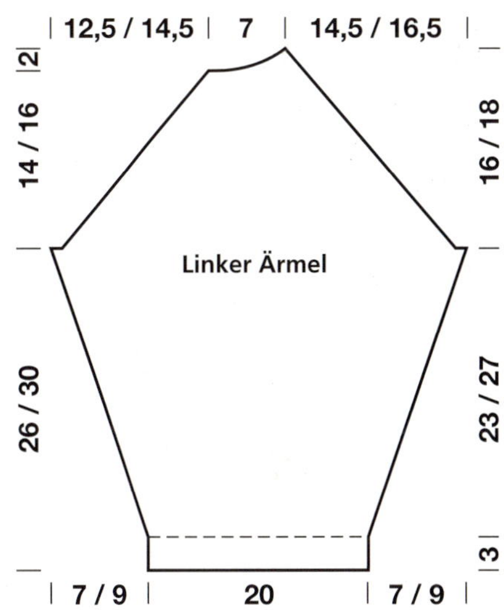

Kuschelmaschen für kalte Tage

Rote Jacke

Größe 92/98

Material

- *Schachenmayr Mega (100% Schurwolle, LL ca. 100 m/100 g), 700 g in Kirsche (Fb 32)*
- *6 Holzknöpfe (Union Knopf)*
- *Stricknadeln Nr. 6-7*
- *Rundstricknadel Nr. 6–7 (40 cm lang)*

Strickmuster

Kreuzanschlag:
Siehe Seite 6.

Bündchenmuster:
2 Maschen rechts, 2 Maschen links im Wechsel stricken.

Glatt rechts:
Hinreihen rechte Maschen, Rückreihen linke Maschen.

Zopfmuster:
Siehe Strickschrift. Es sind nur die Hinreihen gezeichnet, in den Rückreihen die Maschen stricken, wie sie erscheinen. Die 1. bis 4. Reihe stets wiederholen.

Maschenprobe

Im Zopfmuster: 17,5 Maschen und 22 Reihen, glatt rechts: 14 Maschen und 20 Reihen, kraus rechts: 14 Maschen und 28 Reihen = 10 cm x 10 cm

Anleitung für die Jacke

Die Jacke wird bis zu den Armausschnitten in einem Stück gestrickt. 197 Maschen in Kirsche mit doppeltem Faden im Kreuz-

anschlag anschlagen, dann weiter mit einfachem Faden 1 Rückreihe linke Maschen und 8 Reihen glatt rechts stricken. Noch 1 Hinreihe rechte Maschen stricken, dabei nach der Randmasche im Wechsel 1 doppelten Überzug (1 Masche rechts abheben, 2 Maschen rechts zusammenstricken und die abgehobene Masche überziehen) und 2 Maschen rechts stricken = 119 Maschen. Noch 5 Reihen glatt links (Rückreihen rechte Maschen, Hinreihen linke Maschen) stricken. In der folgenden Rückreihe für die Biese die Querfäden der letzten glatt rechts gestrickten Reihe (mit den Abnahmen) auf eine dünne Hilfsnadel heben und immer je 1 Masche beider Nadeln rechts zusammenstricken. Dann im Zopfmuster weiterarbeiten: Randmasche, die ersten 2 Maschen der Zeichnung, 19x den Rapport von 6 Maschen, die letzte Masche der Zeichnung, Randmasche.
In 22 cm Höhe (nach 36 Reihen ab Biese) für die Armausschnitte die Arbeit in 3 Teile teilen: 28 Maschen stricken, 3 Maschen abketten, 57 Maschen stricken, 3 Maschen abketten und 28 Maschen stricken. Nun über die letzten 28 Maschen das **linke Vorderteil** beenden, die übrigen Maschen stilllegen. An der Armausschnittkante in jeder 2. Reihe noch 2x 1 Masche abketten = 26 Maschen. In 33 cm Höhe (nach 60 Reihen ab Biese) für den Halsausschnitt an der linken Kante 1x 3 Maschen, dann in jeder 2. Reihe 2x 2 und 2x 1 Masche abketten. In 38 cm Höhe (nach 70 Reihen ab Biese) die restlichen 17 Schultermaschen abketten. Das **rechte Vorderteil** gegengleich beenden.
Über die 57 Maschen des **Rückenteils** weiterarbeiten und die Armausschnitte beidseitig wie beim Vorderteil stricken = 53 Maschen. In 36 cm Höhe (nach 66 Reihen ab Biese) für den Halsausschnitt die mittleren 15 Maschen gerade, beidseitig davon nach 2 Reihen noch 1x 2 Maschen abketten. In 38 cm Höhe die restlichen 17 Schultermaschen abketten.

Ärmel:
35 Maschen in Kirsche mit doppeltem Faden im Kreuzanschlag anschlagen, dann mit einfachem Faden 1 Rückreihe linke Maschen stricken. Weiter im Zopfmuster arbeiten: Randmasche, die ersten 2 Maschen der Strickschrift, 5x den Rapport von 6 Maschen, die letzte Masche der Strickschrift, Randmasche. Dabei für die Ärmelschrägungen beidseitig in jeder 6. Reihe 2x 1 Masche und in jeder 4. Reihe 10x 1 Masche zunehmen = 59 Maschen. In 25 cm Höhe (nach 54 Reihen im Zopfmuster) beidseitig in jeder 2. Reihe 1x 2, 2x 1 und 1x 2 Maschen, dann die restlichen 47 Maschen abketten. Den 2. Ärmel ebenso stricken.

Ausarbeitung:
Die Teile spannen, anfeuchten und trocknen lassen. Die Schulter- und Ärmelnähte schließen, die Ärmel einnähen. Aus den vorderen Jackenkanten je 64 Maschen aufnehmen und 4 cm im Bündchenmuster anstricken, die 1. Rückreihe beginnen mit Randmasche, 2 Maschen links. Beim rechten Vorderteil in 2,5 cm Höhe 6 Knopflöcher einarbeiten. Das 1. ca. 3 cm von der unteren Kante entfernt, die übrigen im Abstand von 5,5 cm. Für 1 Knopfloch 2 Maschen abketten und in der nächsten Reihe wieder neu anschlagen. Aus dem Halsausschnitt und den halben Blendenkanten ca. 72 Maschen aufnehmen und 1 Rückreihe rechte Maschen und 9 cm im Bündchenmuster stricken, die 1. Hinreihe mit Randmasche, 2 Maschen links beginnen. Die Knöpfe annähen.

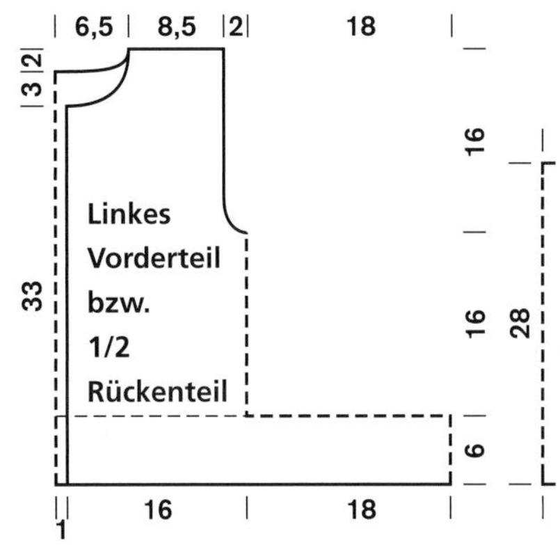

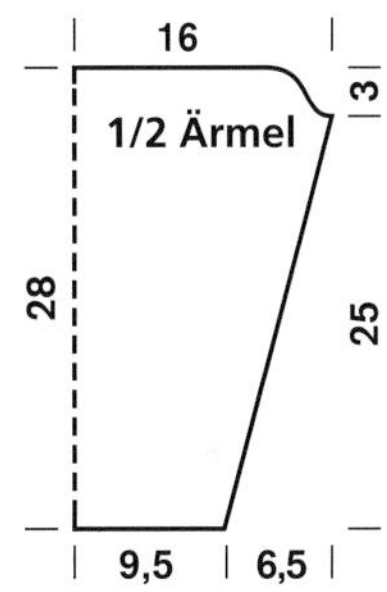

Strickschrift für das Zopfmuster

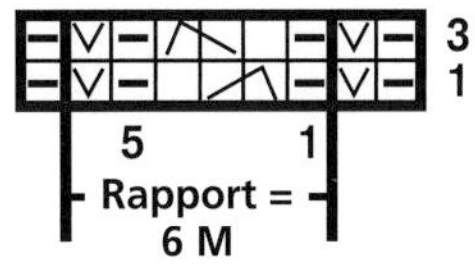

Zeichenerklärung

□ = 1 Masche rechts

⊟ = 1 Masche links

⊻ = 1 Masche links abheben, der Faden ist hinter der Arbeit, in Rückreihen die Masche links stricken

= 1 Masche mit einer Hilfsnadel hinter die Arbeit legen, 1 Masche rechts, dann die Maschen der Hilfsnadel rechts stricken

= 1 Masche mit einer Hilfsnadel vor die Arbeit legen, 1 M rechts, dann die M der Hilfsnadel rechts stricken

Naturfarbener Pulli mit Mütze

Größe 98/104 und 110/116
Die abweichenden Angaben für die größere Größe stehen jeweils hinter dem Schrägstrich.

Material

- *Schachenmayr Mega (100% Schurwolle, LL ca. 100 m/100 g)*
für den Pullover
- *500/600 g in Natur (Fb 02)*
für die Mütze
- *200 g in Natur (Fb 02)*
- *Stricknadeln Nr. 6-7*
- *Rundstricknadel Nr. 6–7 (40 cm lang)*

Strickmuster

Kreuzanschlag:
Siehe Seite 6.
Bündchenmuster:
In Runden stricken.
1. Runde: 1 Masche rechts, 1 Masche links im Wechsel stricken.
2. Runde: 1 Masche rechts abheben, der Faden ist hinter der Arbeit, 1 Masche links im Wechsel stricken. Die 1. und 2. Runde stets wiederholen.
Glatt rechts:
Hinreihen rechte Maschen, Rückreihen linke Maschen.
Zopfmuster:
Siehe Strickschrift. Es sind nur die Hinreihen gezeichnet, in den Rückreihen die Maschen stricken, wie sie erscheinen. Die 1. bis 4. Reihe stets wiederholen.

Maschenprobe

Im Zopfmuster: 17,5 Maschen und 22 Reihen, glatt rechts: 14 Maschen und 20 Reihen, kraus rechts: 14 Maschen und 28 Reihen = 10 cm x 10 cm

Anleitung für den Pullover

Rückenteil:
67/73 Maschen in Natur mit Kreuzanschlag anschlagen und

noch 1 Rückreihe linke Maschen, dann im Zopfmuster stricken: Randmasche, 10x/11x den Rapport von 6 Maschen, die 1. bis 5. Masche des Rapports, Randmasche. In 36/42 cm Höhe für den Halsausschnitt die mittleren 19/21 Maschen gerade, beidseitig davon in jeder 2. Reihe 1x 2 und 1x 1 Masche abketten. In 38/44 cm Höhe die restlichen 21/23 Schultermaschen gerade abketten.

Vorderteil:
Wie das Rückenteil stricken, jedoch in 32/38 cm Höhe für den Halsausschnitt die mittleren 9/11 Maschen gerade, beidseitig davon in jeder 2. Reihe 1x 3, 1x 2 und 3x 1 Masche abketten. In 38/44 cm Höhe die restlichen 21/23 Schultermaschen gerade abketten.

Ärmel:
31/37 Maschen in Natur mit Kreuzanschlag anschlagen und noch 1 Rückreihe linke Maschen, dann im Zopfmuster stricken: Randmasche, 4x/5x den Rapport von 6 Maschen, die 1. bis 5. Masche des Rapports, Randmasche. Dabei für die Ärmelschrägungen beidseitig für Größe 92/98 in jeder 4. Reihe 12x 1 Masche und in jeder 2. Reihe 2x 1 Masche, für Größe 110/116 in jeder 6. Reihe 2x 1 Masche und in jeder 4. Reihe 12x 1 Masche zunehmen = 59/65 Maschen. In 25/30 cm Höhe alle Maschen gerade abketten. Den 2. Ärmel ebenso stricken.

Ausarbeitung:
Die Teile spannen, anfeuchten und trocknen lassen. Alle Nähte schließen und die Ärmel einnähen. Aus dem Halsausschnitt mit der Rundstricknadel ca. 80/88 Maschen in Natur aufnehmen

und 8 cm im Bündchenmuster stricken, dann die Maschen locker abketten. Die Blende zur Hälfte nach innen umnähen.

Anleitung für die Mütze

46 Maschen in Natur anschlagen und kraus rechts 44/48 cm gerade hoch stricken. Die Maschen abketten. Anschlag- und Abkettreihe aneinander nähen, dabei darauf achten, dass die unteren 6 cm nach außen umgeschlagen werden. Aus 4 Fäden eine ca. 70 cm lange Kordel drehen, die Fäden an beiden Enden verknoten. Mit der Kordel das Strickteil ca. 8 cm von der oberen Kante entfernt fest zusammenbinden.

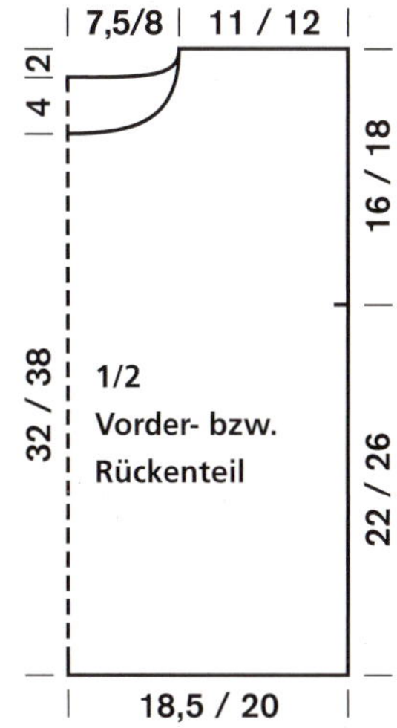

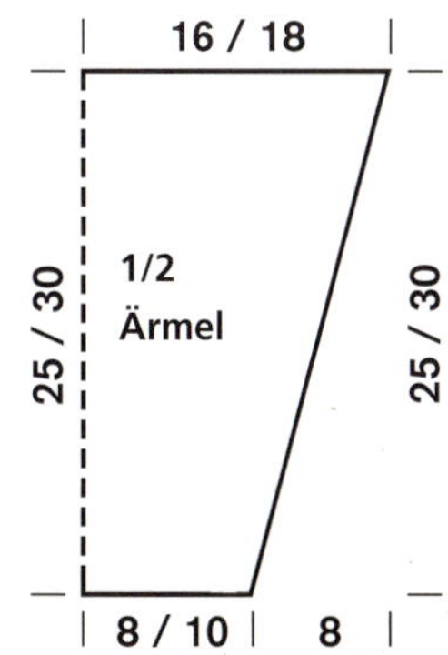

Strickschrift für das Zopfmuster

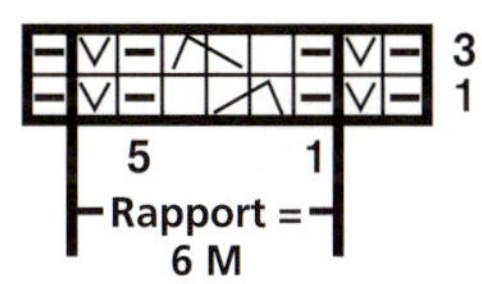

Zeichenerklärung

- = 1 Masche rechts
- = 1 Masche links
- = 1 Masche links abheben, der Faden ist hinter der Arbeit, in Rückreihen die Masche links stricken
- = 1 Masche mit einer Hilfsnadel hinter die Arbeit legen, 1 Masche rechts, dann die Maschen der Hilfsnadel rechts stricken
- = 1 Masche mit einer Hilfsnadel vor die Arbeit legen, 1 M rechts, dann die M der Hilfsnadel rechts stricken

Pullover und Mütze mit aufgestickten Sternen

Größe 92/98 und 104/110
Die abweichenden Angaben für die größere Größe stehen jeweils hinter dem Schrägstrich.

Material

- *Schachenmayr Mega (100% Schurwolle, LL ca. 100 m/100 g),* ***für den Pullover***
- *400/500 g in Natur (Fb 02)* ***für die Mütze***
- *200 g in Natur (Fb 02)* ***für die Stickerei***
- *Schachenmayr Universa (55% Schurwolle, 45% Polyacryl, LL ca. 125 m/50 g), je 50 g in Gelb (Fb 22), Orange (Fb 29) und Pink (Fb 36)*
- *Stricknadeln Nr. 6–7*
- *Rundstricknadel (40 cm lang) oder ein Nadelspiel Nr. 6–7*
- *Sticknadel ohne Spitze*

Strickmuster

Bündchenmuster:
1 Masche rechts , 1 Masche links im Wechsel stricken.

Kraus rechts:
Jede Reihe rechts stricken.

Glatt links:
Hinreihen linke Maschen, Rückreihen rechte Maschen, in Runden nur linke Maschen.

Glatt rechts:
Hinreihen rechte Maschen, Rückreihen linke Maschen, in Runden nur rechte Maschen.

Maschenprobe

Glatt rechts: 14 Maschen und 20 Reihen = 10 cm x 10 cm

Anleitung für den Pullover

Rückenteil:
50/55 Maschen anschlagen und Reihen kraus rechts, dann glatt rechts stricken. In 18/21 cm Höhe (nach 32/38 Reihen glatt rechts) für die Armausschnitte beidseitig 1x 2 und 3x 1 Masche abketten = 40/45 Maschen. In 32/36 cm Höhe (nach 60/68 Reihen glatt rechts) für den Halsausschnitt die mittleren 16/17 Maschen gerade, beidseitig davon nach 2 Reihen 1x 2 Maschen abketten. In 34/38 cm Höhe (nach 64/72 Reihen glatt rechts) die restlichen 10/12 Schultermaschen abketten.

Vorderteil:
Wie das Rückenteil stricken, jedoch in 28/32 cm Höhe (nach 52/60 Reihen glatt rechts) für den Halsausschnitt die mittleren 6/7 Maschen gerade, beidseitig davon in jeder 2. Reihe 2x 2 und 3x 1 Masche abketten. In 34/38 cm Höhe die restlichen 10/12 Schultermaschen abketten.

Ärmel:
24 Maschen anschlagen und 5 Reihen kraus rechts stricken. Weiter glatt rechts arbeiten und für die Ärmelschrägungen beidseitig in jeder 4. Reihe 10x 1/ 11x 1 Masche und in jeder 2. Reihe 1x 1/2x 1 Masche zunehmen = 46/50 Maschen. In 25/28 cm Höhe (nach 46/52 Reihen glatt rechts) beidseitig in jeder 2. Reihe 1x 2, 2x 1 und 1x 2 Maschen abnehmen, dann die restlichen 34/38 Maschen abketten. Den 2. Ärmel ebenso stricken.

Ausarbeitung:
Die Teile spannen, anfeuchten und trocknen lassen. Die Schulternähte schließen und die Ärmel annähen. Aus dem Halsausschnitt mit der Rundstricknadel ca. 56/62 Maschen aufnehmen, 1 Runde linke Maschen, 4 cm im Bündchenmuster und 3 cm glatt rechts stricken, dann die Maschen locker abketten. Die Sterne jeweils mit doppeltem Faden, je 1 Faden Orange und Pink bzw. Orange und Gelb, mit Ketten- und Margeritenstichen aufsticken. Für die kleinen Sterne jeweils 2 große und 2 kleinere Spannstiche arbeiten. Die Seiten- und Ärmelnähte schließen.

Anleitung für die Mütze

56/64 Maschen anschlagen und 3 Runden links, 10 Runden rechts, 3 Runden links und 5 cm im Bündchenmuster stricken. Dann die Arbeit wenden und auf der Innenseite weiter 13/15 cm glatt rechts stricken. Die obere Mützennaht von vier Ecken aus zur Mitte hin im Maschenstich schließen, dabei jede Naht über 7/8 Maschen arbeiten. Je 2 kleine Quasten in Orange/Pink und Orange/Gelb arbeiten. Je 3 Fäden der Farben durch den abgebundenen Teil ziehen und einen ca. 4 cm langen Zopf flechten. Jedes Zopfende durch einen Zipfel ziehen und auf der Innenseite befestigen. Die unteren 16 Runden nach außen umschlagen. Auf den glatt rechten Streifen mit doppeltem Faden (Orange und Pink bzw. Orange und Gelb) Sterne mit Ketten- und Spannstichen sticken.

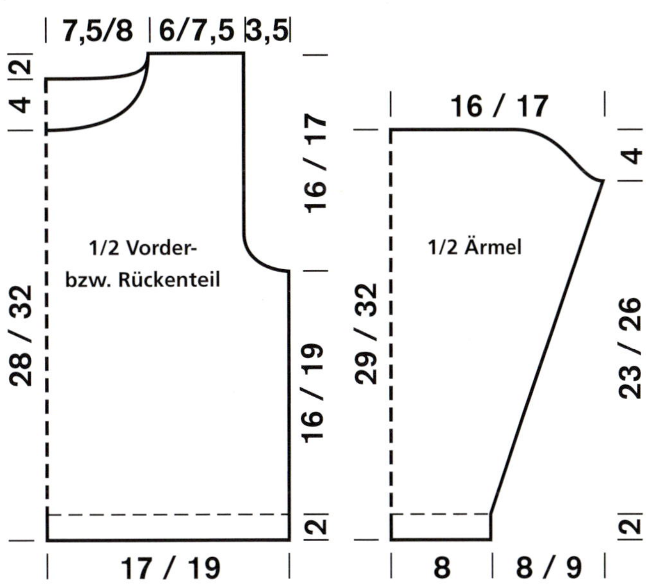

Pulli und Mütze mit Norwegermuster

Größe 104/110 und 128/134
Die abweichenden Angaben für die größere Größe stehen jeweils hinter dem Schrägstrich.

Material

- *Schachenmayr Regia 6fädig (75% Schurwolle, 25% Polyamid, LL ca. 125 m/50 g), 250 g in Marine (Fb 324), 100 g in Weiß (Fb 2080) und 95 g in Rot (Fb 2002)*
- *Stricknadeln Nr. 3,5–4*
- *Rundstricknadel (40 cm lang) oder Nadelspiel Nr. 3,5–4*

Strickmuster

Bündchenmuster:
1 Masche rechts, 1 Masche links im Wechsel stricken.
Glatt links:
Hinreihen linke Maschen, Rückreihen rechte Maschen, in Runden nur linke Maschen stricken.
Glatt rechts:
Hinreihen rechte Maschen, Rückreihen linke Maschen, in Runden nur rechte Maschen.
Jacquardmuster:
Glatt rechts nach der Strickschrift stricken. Es ist jede Reihe gezeichnet, 1 Kästchen = 1 Masche. In den 2farbigen Reihen die Randmasche immer mit beiden Fäden stricken.
Für Vorder- und Rückenteil die 1. bis 40. Reihe, dann die 41. bis 50. Reihe 3x/5x, die 51. bis 70. Reihe, danach die 41. bis 50. Reihe 2x und die 41. bis 45. Reihe stricken = 115/135 Reihen.
Für die Ärmel die 1. bis 8. Reihe stricken, danach die 41. bis 50. Reihe 4x/6x und weiter die 51. bis 70. Reihe, noch 1x die 41. bis 50. Reihe und nur für Größe 128/134 noch die 41. bis 45. Reihe stricken = 78/103 Reihen.

Maschenprobe

Glatt rechts im Jacquardmuster: 22 Maschen und 28-29 Reihen = 10 cm x 10 cm

Anleitung für den Pullover

Rückenteil:
85/101 Maschen in Rot anschlagen, 7 Reihen glatt rechts und 1 Rückreihe rechte Maschen stricken. Weiter glatt rechts im Jacquardmuster stricken, nach der Randmasche 5x/6x den Rapport von 16 Maschen, mit den ersten 3 Maschen des Rapports, Randmasche enden. In 40/47 cm Höhe (nach 108/128 Reihen im Jacquardmuster) für den Halsausschnitt die mittleren 21/23 Maschen gerade, beidseitig davon in jeder 2. Reihe 2x 2 Maschen abketten. In 43/50 cm Höhe, am Ende des Jacquardmusters, die restlichen 28/35 Schultermaschen gerade abketten.

Vorderteil:
Wie das Rückenteil stricken, jedoch in 36/43 cm Höhe (nach 94/114 Reihen im Jacquardmuster) für den Halsausschnitt die mittleren 15/17 Maschen gerade, beidseitig davon in jeder 2. Reihe 2x 2 und 3x 1 Masche abketten. In 43/50 cm Höhe die restlichen 28/35 Schultermaschen gerade abketten.

Ärmel:
41/45 Maschen in Rot anschlagen, 7 Reihen glatt rechts und 1 Rückreihe rechte Maschen stricken. Weiter glatt rechts im Jacquardmuster stricken, nach der Randmasche den Rapport von 16 Maschen wiederholen und die übrigen Maschen anpassen, mit 1 Randmasche enden. Dabei für die Ärmelschrägungen beidseitig in der 9. Reihe 1x 1 Masche, dann in jeder 4. Reihe 11x 1/16x 1 Masche und abwechselnd in jeder 2. und 4. Reihe 6x 1/8x 1 Masche zunehmen = 77/95 Maschen. In 30/39 cm Höhe, am Ende des Jacquardmusters, alle Maschen abketten. Den 2. Ärmel ebenso stricken.

Ausarbeitung:
Die Teile spannen, anfeuchten und trocknen lassen. Alle Nähte schließen und die Ärmel einnähen. Aus dem Halsausschnitt mit dem Nadelspiel oder der Rundstricknadel ca. 80/88 Maschen in Rot aufnehmen, 1 Runde linke Maschen, die 2. bis 8. Reihe des Jacquardmusters, weiter in Rot 1 Runde linke Maschen und 7 Runden rechte Maschen stricken, dann die Maschen abketten. Alle Blenden und Bündchen in der linken Reihe nach innen umnähen.

Anleitung für die Mütze

Mit der Rundstricknadel oder dem Nadelspiel 88/96 Maschen in Rot anschlagen und in Rot 4 Runden linke Maschen, dann glatt rechts die 55. bis 70. Reihe des Jacquardmusters und je 1 Runde rechte Maschen in Marine und Rot stricken. Nun die Arbeit wenden und auf der Innenseite weiter in Rot 4 Runden rechte Maschen, dann in Marine 1 Runde linke Maschen

und 6 cm im Bündchenmuster, dann weiter glatt rechts die 41. bis 50. Reihe des Jacquardmusters stets wiederholen. In 9/12,5 cm Höhe ab Beginn des Jacquardmusters (nach 26/36 Runden) die Zipfel beginnen. Dafür die ersten und letzten 3 sowie die mittleren 6 Maschen stilllegen und über je 38/42 Maschen mit dem Nadelspiel in Runden weiter noch 30 Runden im Jacquardmuster, dann in Marine arbeiten. Für die Zipfelschrägungen in der 5. Runde an der Innen- und an der Außenkante je 1 Masche rechts anordnen und die markierte Masche mit der davor liegenden Masche zusammen rechts abheben, 1 Masche rechts stricken und die abgehobenen Maschen überziehen. Diese Abnahmen in jeder 5. Runde noch 7x/8x wiederholen. Über die restlichen 6 Maschen noch 10 cm gerade hoch stricken, dann die Maschen mit dem Arbeitsfaden zusammenziehen. Die je 6 stillgelegten Maschen gegeneinander legen und die Naht im Maschenstich schließen. Die oberen Zipfelenden verknoten.

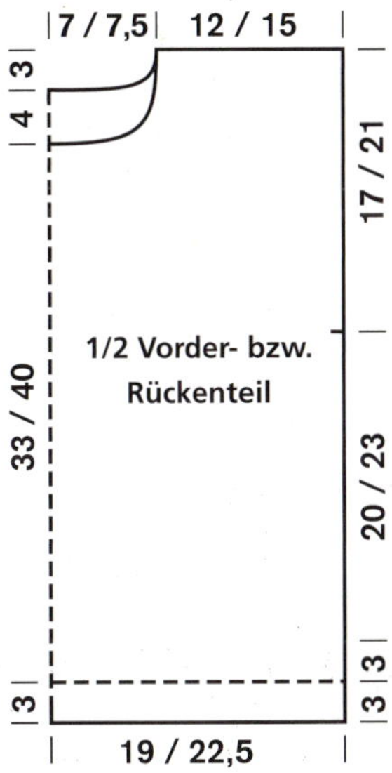

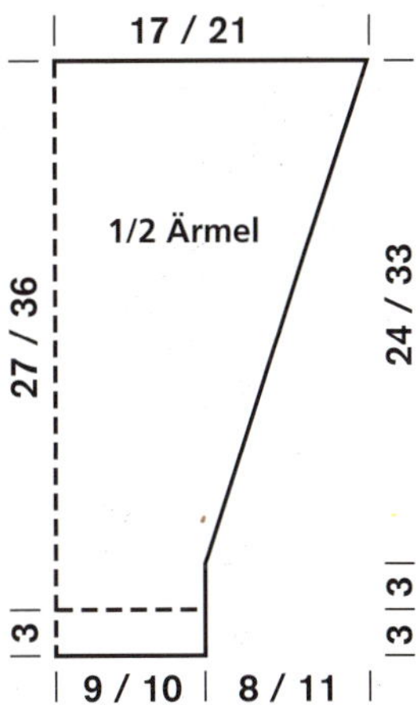

Strickschrift für das Jacquardmuster

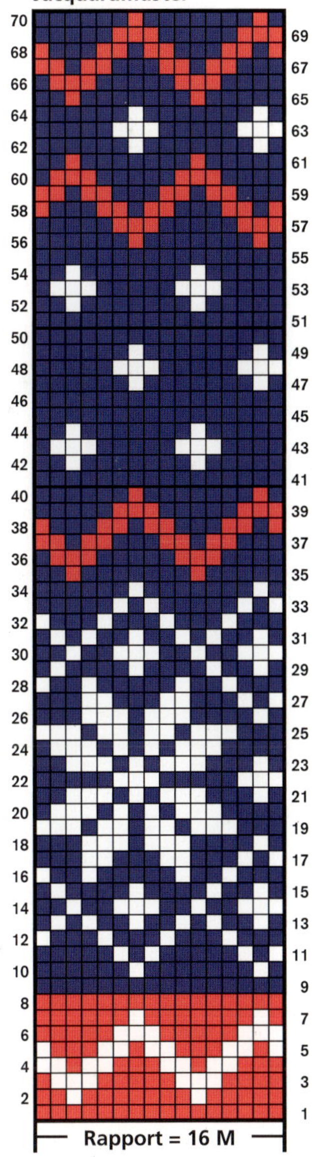

Mütze, Schal und Stirnband im Indio-Stil

Mütze und Stirnband: ca. 38/42 und 44/48 cm Kopfumfang
Schal: ca. 12,5 cm breit und 135 cm lang
Die abweichenden Angaben für die größere Größe stehen jeweils hinter dem Schrägstrich.

Material

- Schachenmayr Universa (55% Schurwolle, 45% Polyacryl, LL ca. 125 m/50 g), 100 g in Gelb (Fb 22) und je 50 g in Orange (Fb 29), Rot (Fb 31), Pink (Fb 36), Türkis (Fb 52), Blau (Fb 51), Grün (Fb 77), Schwarz (Fb 99) und Weiß (Fb 01)
- Nadelspiel Nr. 3–3,5

Strickmuster

Glatt rechts:
In Runden nur rechte Maschen.

Kraus rechts:
Jede Reihe rechts stricken, in Runden 1 Runde rechte Maschen und 1 Runde linke Maschen im Wechsel stricken.

Jacquardmuster 1 und 2:
Siehe Strickschriften. Es ist jede Masche gezeichnet, 1 Kästchen = 1 Masche.

Streifenfolge A:
Glatt rechts * je 2 Reihen in Orange, Rot, Pink und Gelb, 3 Reihen Jacquardmuster 2, je 2 Reihen in Blau, Grün, Gelb und Türkis, 3 Reihen Jacquardmuster 2 = 22 Runden, ab * wiederholen.

Streifenfolge B:
Kraus rechts je 2 Reihen in Gelb, Orange, Rot und Pink, 7 Reihen Jacquardmuster 1, je 2 Reihen in Türkis, Blau, Grün, Gelb und Schwarz = 25 Runden.

Streifenfolge C:
Wie Streifenfolge B, jedoch anstelle der 7 Reihen Jacquardmuster 1 die 3 Runden Jacquardmuster 2 stricken = 21 Runden.

Maschenprobe

Glatt rechts in Streifenfolge A:
24 Maschen und 30 Reihen = 10 cm x 10 cm

25 Runden Streifenfolge B = 6,5 cm
21 Runden Streifenfolge C = 5,5 cm hoch

Anleitung für die Mütze

84/96 Maschen in Schwarz anschlagen und 1 Runde linke Maschen, dann die 25 Runden nach Streifenfolge B stricken. Weiter nach Streifenfolge A arbeiten. In der 4. Runde (2. Runde in Rot) 8 Maschen abnehmen. Dafür die 12. Masche, dann 7x jeweils die 10./ 12. Masche markieren und diese Maschen mit der davor liegenden Masche rechts zusammenstricken. Diese Abnahmen an den gleichen Stellen in jeder 11. Runde (= jeweils in der 2. Runde des 2. Farbstreifens nach dem Jacquardmuster) 3x/4x, in der folgenden 9. Runde 1x, in der folgenden 6. Runde 1x, in der folgenden 5. Runde 1x wiederholen. Nach diesen 57/68 Runden sind noch 28/32 Maschen auf den Nadeln. Weiter in der folgenden 4. Runde, in der folgenden 7. Runde, dann in jeder 2. Runde noch 3x je 4 Maschen abnehmen (über jeder 2. Abnahme der Vorrunden). Die restlichen 8/12 Maschen mit dem Arbeitsfaden fest zusammenziehen.
Für die Ohrenklappen 36 Maschen in Schwarz anschlagen, 1 Rückreihe rechte Maschen in Schwarz, dann kraus rechts je 2 Reihen in Gelb, Orange, Rot, Pink, Türkis, Blau, Grün und Gelb stricken. Zugleich in der 5. Reihe (= Rückreihe) über den mittleren 8 Maschen 4x 2 Maschen rechts zusammenstricken. Diese Abnahmen in jeder 2. Reihe noch 5x wiederholen. Die letzten 12 Maschen zur Hälfte zusammenlegen und die Maschen auf der linken Seite durch Zusammenstricken abketten.

Einen ca. 5 cm langen kleinen Zopf in Gelb flechten. Eine Quaste, ca. 4 cm lang, in den verschiedenen Farben arbeiten, an den Zopf nähen. Den Zopf an die Mützenspitze nähen.

Anleitung für das Stirnband

84/96 Maschen in Schwarz anschlagen, 2 cm rechte Maschen und 1 Runde linke Maschen stricken, dann die 21 Runden nach Streifenfolge C und in Schwarz noch 2 cm rechte Maschen stricken, dann die Maschen im Maschenstich an die Anschlagkante nähen.

Anleitung für den Schal

Für ca. 12,5 cm Breite 60 Maschen in Orange anschlagen und in Runden nach Streifenfolge A stricken. In 135 cm Höhe (nach 404 Reihen bzw. 2 Reihen in Gelb) die Maschen je zur Hälfte gegeneinander legen und die Quernaht im Maschenstich schließen. Die untere Naht schließen. Vier ca. 4 cm lange kleine Zöpfe in Gelb flechten, das Ende abbinden. Je zwei Zöpfe an jedes Schalende nähen.

Jacquardmuster 1

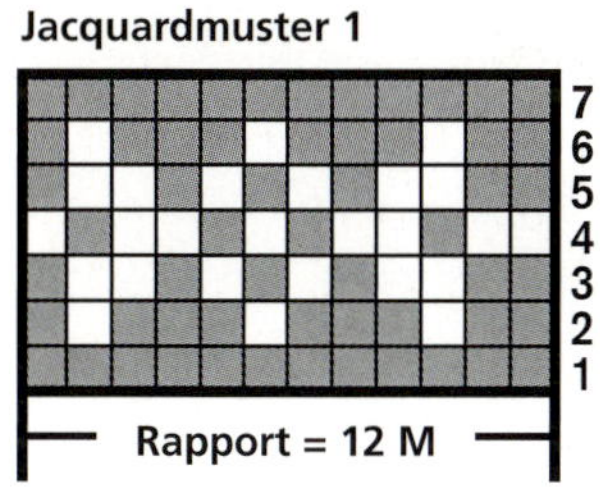

Jacquardmuster 2

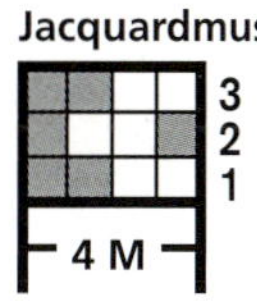

Sommerblumen, Karos und Streifen

Karopullover mit Streifenärmeln

Größe 80/86 und 92/98
Die abweichenden Angaben für die größere Größe stehen jeweils hinter dem Schrägstrich.

Material

- *Schachenmayr Catania (100% Baumwolle, LL ca. 125 m/50 g), 100 g in Türkis (Fb 146) und je 50 g in Gelb (Fb 129), Orange (Fb 209), Zyklam (Fb 114), Hellgrün (Fb 170), Blau (Fb 174) und Weiß (Fb 106)*
- *Stricknadeln Nr. 2,5–3,5*
- *Rundstricknadel (40 cm lang) oder ein Nadelspiel Nr. 2,5–3,5*
- *Häkelnadel Nr. 3*

Strickmuster

Bündchenmuster:
2 Maschen rechts, 2 Maschen links im Wechsel stricken.
Glatt rechts:
Hinreihen rechte, Rückreihen linke Maschen stricken.
Streifenfolge:
* Je 2 Reihen in Gelb, Hellgrün, Blau, Weiß, Zyklam, Orange, Gelb und 4 Reihen in Türkis (= 18 Reihen), ab * wiederholen.

Maschenprobe

26 Maschen und 36 Reihen
= 10 cm x 10 cm

Anleitung

Rückenteil:
30/33 Maschen in Blau, 29/32 Maschen in Hellgrün und 30/33 Maschen in Türkis anschlagen = 89/98 Maschen und in dieser Aufteilung 3 Reihen im Bündchenmuster (mit 1 Rückreihe beginnen), dann glatt rechts stricken. Dabei mit verschiedenen Knäueln arbeiten und beim Farbwechsel die Fäden auf der Rückseite der Arbeit verkreuzen. In 11/12 cm Höhe in der folgenden Rückreihe die Farben austauschen: über dem 1. Feld nun in Blau, dann in Türkis und das letzte Feld in Hellgrün arbeiten (siehe auch Farbangaben im Schnittschema). In 22/24,5 cm Höhe in der folgenden Rückreihe nun über dem 1. Feld in Hellgrün, über dem 2. in Blau und über dem letzten in Türkis stricken. In 31/35 cm Höhe, für den Halsausschnitt die mittleren 13/14 Maschen gerade, beidseitig davon in jeder 2. Reihe 1x 3, 1x 2 und 1x 1 Masche abketten. In 33/37 cm Höhe die 32/36 Schultermaschen abketten.

Vorderteil:
Wie das Rückenteil stricken, jedoch in 26/30 cm Höhe für den Halsausschnitt die mittleren 9/10 Maschen gerade, beidseitig davon in jeder 2. Reihe 1x 3, 1x 2 und 3x 1 Masche abketten. In 33/37 cm Höhe die restlichen 32/36 Schultermaschen gerade abketten.

Ärmel:
38/42 Maschen in Türkis anschlagen und 3 Reihen im Bündchenmuster stricken, mit 1 Rückreihe beginnen. In der letzten Reihe für Größe 92/98 verteilt 2 Maschen zunehmen = 38/44 Maschen. Glatt rechts in der Streifenfolge weiterarbeiten und für die Ärmelschrägungen beidseitig in jeder 4. Reihe 10x 1/11x 1 Masche, dann abwechselnd in jeder 2. und 4. Reihe 8x 1/10x 1 Masche zunehmen = 74/86 Maschen. In 20/22,5 cm Höhe alle Maschen abketten. Den 2. Ärmel ebenso stricken.

Häkelblüten:
8 Blüten mit Zyklam und je 6 Blüten mit Weiß und Orange häkeln. Für 1 Blüte in Gelb 6 Luftmaschen häkeln und mit 1 Kettmasche zum Ring schließen. In den Ring 12 feste Maschen häkeln, mit 1 Kettmasche in die 1. feste Maschen enden. Nun mit der Blütenfarbe arbeiten: Den Faden durch die 1. feste Masche ziehen und * 5 Luftmaschen häkeln, dann ein halbes Stäbchen in die 2. Luftmasche und je 1 Stäbchen in die übrigen 3 Luftmaschen häkeln, 1 Kettmasche in die folgende 2. feste Masche der Vorrunde arbeiten, ab * wiederholen. Zum Schluss den Faden durch die letzte Maschen ziehen (Restfaden zum Annähen lassen).

Ausarbeitung:
Die Teile spannen, anfeuchten und trocknen lassen. Alle Nähte schließen und die Ärmel einnähen. Aus dem Halsausschnitt mit der Rundstricknadel oder dem Nadelspiel 96 Maschen in Blau aufnehmen, 1 Runde linke Maschen und 4 Runden im Bündchenmuster stricken, dann die Maschen im Maschen-Rhythmus abketten. Die Häkelblüten jeweils auf die Ecken der einzelnen Quadrate nähen.

Vorder- bzw. Rückenteil

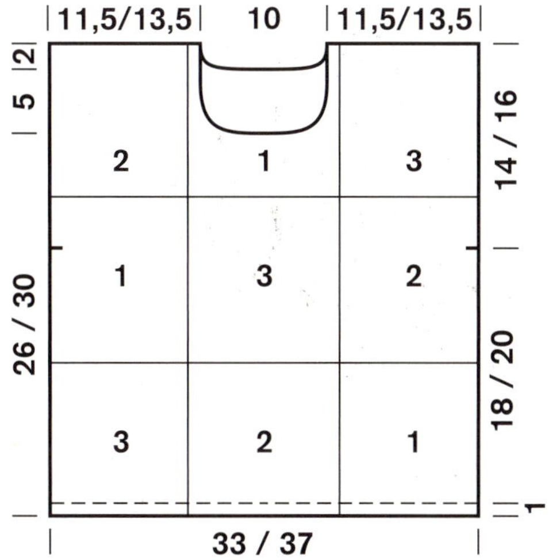

Farben
1 = Blau
2 = Hellgrün
3 = Türkis

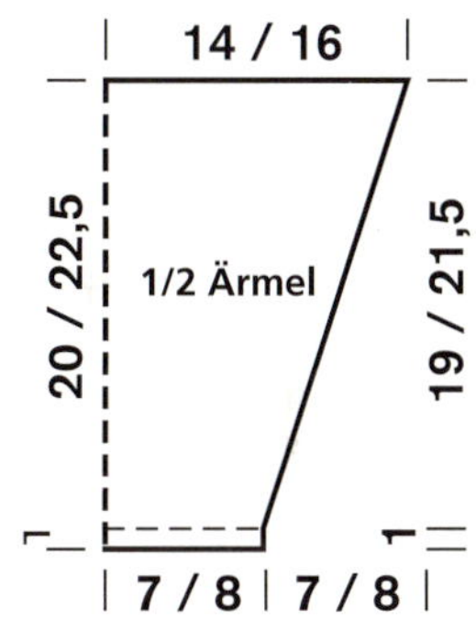

Gelbe Jacke mit Häkelblüten

Größe 80/86 und 92/98
Die abweichenden Angaben für die größere Größe stehen jeweils hinter dem Schrägstrich.

Material

- *Schachenmayr Catania (100% Baumwolle, LL ca. 125 m/50 g), 200/250 g in Gelb (Fb 1299) und je 50 g oder Reste in Türkis (Fb 146), Orange (Fb 209), Zyklam (Fb 114), Hellgrün (Fb 170), Blau (Fb 174) und Weiß (Fb 106)*
- *15 grüne Herzknöpfe (Union Knopf)*
- *Stricknadeln Nr. 2,5–3,5*
- *Häkelnadel Nr. 3*

Strickmuster

Glatt rechts:
Hinreihen rechte, Rückreihe linke Maschen stricken.
Grundmuster:
Maschenzahl teilbar durch 6 + 1 + 2 Randmaschen.
1. und 2. Reihe: Glatt rechts stricken.
3. Reihe: Randmasche, 3 Maschen rechts, * 1 Masche links, 5 Maschen rechts, ab * wiederholen, 1 Masche links, 3 Maschen rechts, Randmasche.
4. bis 6. Reihe: Glatt rechts stricken.
7. Reihe: Randmasche, 1 Masche links, * 5 Maschen rechts, 1 Masche links, ab * wiederholen, Randmasche.

8. Reihe: Links stricken.
Die 1. bis 8. Reihe stets wiederholen.

Maschenprobe

Glatt rechts und im Grundmuster: 26 Maschen und 36 Reihen = 10 cm x 10 cm

Anleitung

Die Jacke wird bis zu den Armausschnitten in einem Stück gestrickt. 183/201 Maschen in Gelb anschlagen, 1 Rückreihe linke Maschen, dann im Grundmuster stricken. In 16/18 cm Höhe für die Armausschnitte 43/47 Maschen stricken, 5/6 Maschen abketten, 87/95 Maschen stricken, 5/6 Maschen abketten und 43/47 Maschen stricken. Nun über die 3 Teile getrennt weiter arbeiten und zunächst über die letzten 43/47 Maschen das **linke Vorderteil** beenden. Dafür im Grundmuster weiterarbeiten, für den Armausschnitt in jeder 2. Reihe noch 1x 2 und 3x 1 Masche abketten = 38/42 Maschen. In 18/22 cm Höhe für den V-Ausschnitt an der linken Kante bis 3 Maschen vor Ende der Reihe stricken, dann 2 Maschen rechts zusammenstricken, Randmasche. Diese Abnahme in jeder 4. Reihe noch 10x wiederholen. In 29/33 cm Höhe für die Schultern in jeder 2. Reihe 3x 9 Maschen/2x 10 und 1x 11 Maschen abketten. Das **rechte Vorderteil** gegengleich beenden, beim V-Ausschnitt nach der Randmasche 1 Masche rechts abheben, 1 Masche rechts stricken und die abgehobene Masche überziehen.

Nun das **Rückenteil** über 87/95 Maschen beenden, dafür beidseitig die Armausschnitte wie beim Vorderteil stricken = 77/85 Maschen. In 28/32 cm Höhe für den Halsausschnitt die mittleren 13 Maschen gerade, beidseitig davon in jeder 2. Reihe 1x 3 und 1x 2 Maschen abketten. Zugleich in 29/33 cm Höhe die Schultermaschen wie beim Vorderteil abketten.

Ärmel:
45/51 Maschen in Gelb anschlagen, 1 Rückreihe linke Maschen, dann im Grundmuster stricken. Dabei für die Ärmelschrägungen beidseitig in jeder 4. Reihe 13x 1/15x 1 Masche zunehmen = 71/81 Maschen. In 15/18 cm Höhe für die Armkugel beidseitig in jeder 2. Reihe 2x 3/3x 3, 11x 2/12x 2 und 1x 3 Maschen, dann die restlichen 9 Maschen abketten = 23/27 cm Höhe. Den 2. Ärmel ebenso stricken.

Häkelblüten:
3 Blüten in Weiß und je 2 Blüten in Blau, Türkis, Zyklam und Orange häkeln. Anleitung siehe Karopullover Seite 47.

Ausarbeitung:
Die Teile spannen, anfeuchten und trocknen lassen. Alle Nähte schließen und die Ärmel einnähen. Die vorderen Jackenkanten und den rückwärtigen Halsausschnitt in Gelb mit 2 Reihen festen Maschen und 1 Reihe Krebsmaschen (= feste Maschen von links nach rechts) umhäkeln. In der 2. Reihe der festen Maschen beim rechten Vorderteil 5 Knopflöcher einarbeiten, dafür jeweils 4 Luftmaschen häkeln, dabei 1 feste Masche der Vorreihe übergehen.
Das 1. Knopfloch 1 cm von der unteren Kante entfernt, die übrigen im Abstand von 4/5 cm arbeiten. Auf die untere Kante 1 Reihe feste Maschen in Gelb häkeln, dann für die Bogenkante * 1 Kettmasche, 1 feste Masche, 3 Stäbchen in die folgende feste Maschen, dann wieder 1 feste Maschen, ab * wiederholen, mit 1 Kettmasche enden. Für die Blütenstiele in Hellgrün Linien mit Kettmaschen aufhäkeln. Die Linien im Abstand von ca. 5 cm 4 bis 11 cm hoch häkeln. Auf das obere Ende der Linien die Häkelblüten nähen. Die Knöpfe annähen.

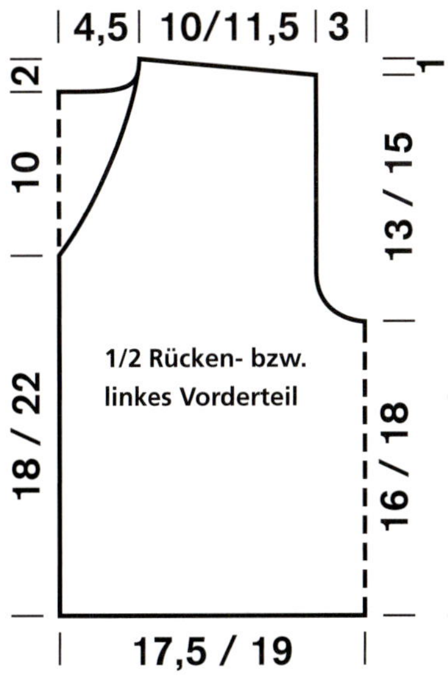

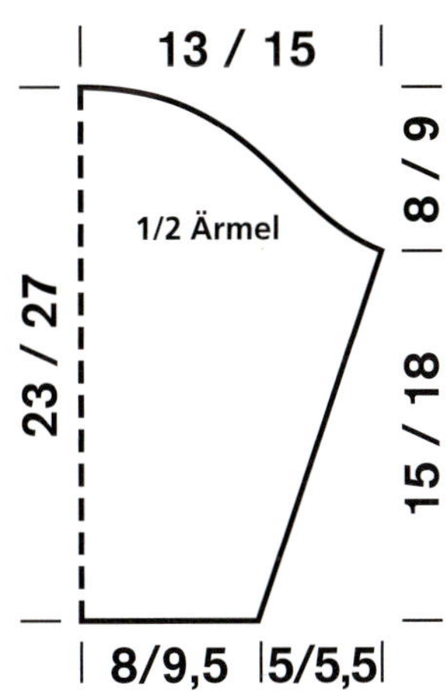

Minirock und Top

Größe 80/86 und 92/98
Die abweichenden Angaben für die größere Größe stehen jeweils hinter dem Schrägstrich.

Material

- *Schachenmayr Catania (100% Baumwolle, LL ca. 125 m/50 g), je 50 g in Zyklam (Fb 114), Türkis (Fb 146), Gelb (Fb 129), Orange (Fb 209), Hellgrün (Fb 170), Blau (Fb 174) und Weiß (Fb 106)*
- *Nadelspiel Nr. 2,5–3,5*
- *Häkelnadel Nr. 3*

Strickmuster

Bündchenmuster:
2 Maschen rechts, 2 Maschen links im Wechsel stricken.
Glatt rechts:
Hinreihen rechte, Rückreihen linke Maschen, in Runden nur rechte Maschen stricken.
Streifenfolge:
* Je 2 Reihen in Gelb, Hellgrün, Blau, Weiß, Zyklam, Orange, Gelb und 4 Reihen in Türkis (= 18 Reihen), ab * wiederholen.

Maschenprobe

26 Maschen und 36 Reihen = 10 cm x 10 cm

Anleitung für den Minirock

140/152 Maschen mit dem Nadelspiel in Türkis anschlagen und 3 Runden im Bündchenmuster in Türkis, dann glatt rechts in der Streifenfolge stricken. Für die seitlichen Schrägungen in der 10. glatt rechten Runde die letzten 2 Maschen der 1. Nadel zusammen rechts abheben, die 1. Masche der 2. Nadel rechts stricken und die abgehobenen Maschen überziehen. Diese Masche bleibt auf der 1. Nadel. Die Abnahme am Ende der 3. Nadel ebenso arbeiten. Diese Abnahmen in jeder 9./10. Runde noch 5x wiederholen = 116/128 Maschen. In 18/20 cm Höhe über alle Maschen in Türkis noch 1 Runde rechte Maschen und 3 Runden im Bündchenmuster stricken, dann die Maschen abketten.

Anleitung für das Top

120/130 Maschen mit dem Nadelspiel in Zyklam anschlagen und 7/8 cm glatt rechts stricken, dann die Maschen abketten. Auf die obere Kante 1 Runde feste Maschen in Zyklam häkeln, mit 1 Kettmasche in die 1. feste Masche enden. Auf die untere Kante in Zyklam ebenfalls 1 Runde feste Maschen häkeln, dann für die Bogenkante wie folgt häkeln: * 1 Kettmasche, 1 feste Masche, 3 Stäbchen in die folgende feste Masche, dann wieder 1 feste Masche, ab * wiederholen, mit 1 Kettmasche enden. Für die Träger je 50 Luftmaschen, darauf 1 Reihe feste Maschen häkeln. Die Träger annähen. 1 Häkelblüte in Gelb mit Orange arbeiten (Anleitung siehe Karopullover Seite 47). Die Blüte in die Mitte des Vorderteils nähen.

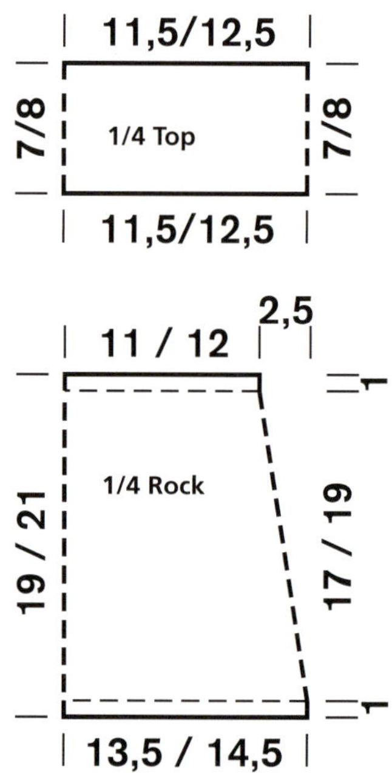

Blau, Blau, Blau sind alle meine...

Zwei Pullover mit Jacquardmuster

Größe 110/116 und 122/128
Die abweichenden Angaben für die größere Größe stehen jeweils hinter dem Schrägstrich.

Material

- *Schachenmayr Favorit (35% Baumwolle, 35% Polyacryl, 30% Viskose, LL ca. 135 m/50 g)*

für den bunten Pullover:

- *200/250 g in Marine (Fb 50), je 50/100 g in Blau (Fb 51) und Apfelgrün (Fb 75) und je 50 g in Petrol (Fb 62) und Türkis (Fb 60)*

für den marinefarbenen Pullover:

- *250 g in Marine (Fb 50)*
- *und je 50 g oder Reste in Blau (Fb 51), Petrol (Fb 62) und Apfelgrün (Fb 75)*
- *2 Kordelstopper*
- *Stricknadeln Nr. 3*
- *Rundstricknadel (40 cm lang) oder Nadelspiel Nr. 3*

Strickmuster

Kreuzanschlag:
Siehe Seite 6.
Bündchenmuster:
1 Masche rechts, 1 Masche links im Wechsel stricken.
Glatt rechts:
Hinreihen rechte Maschen, Rückreihen linke Maschen stricken.

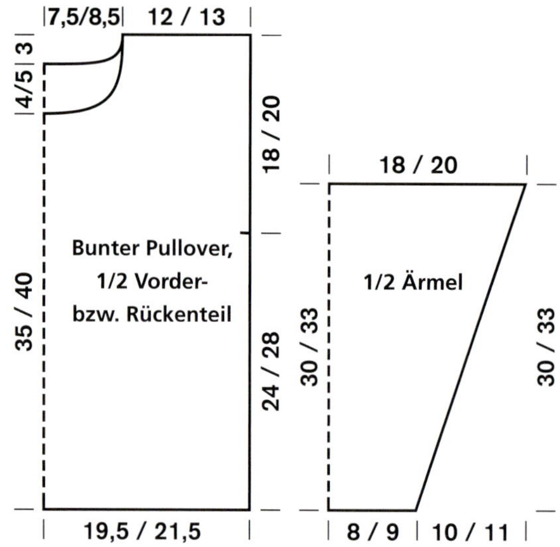

Jacquardmuster:
Glatt rechts nach der Strickschrift stricken. Es ist jede Reihe gezeichnet, 1 Kästchen = 1 Masche. Die Randmasche immer mit beiden Fäden stricken. Die 1. bis 20. Reihe stets wiederholen.
Für die **Jacquardbordüre** des marinefarbenen Pullovers 1x die 1. bis 16. Reihe stricken.

Maschenprobe

Glatt rechts:
22 Maschen und 31 Reihen, im Jacquardmuster: 22 Maschen und 26 Reihen = 10 cm x 10 cm. Die 16 Reihen Jacquardbordüre sind 6 cm hoch.

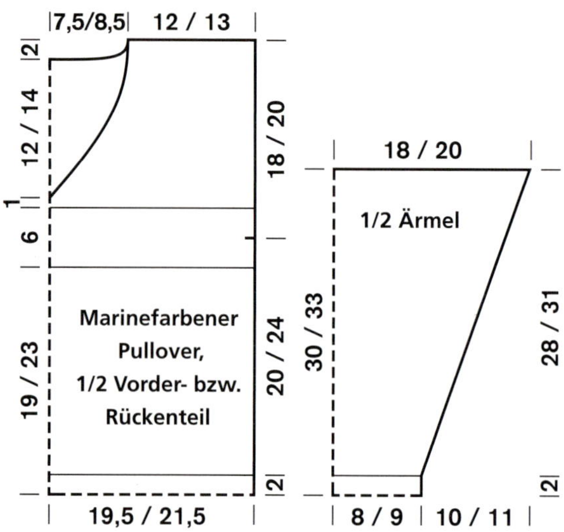

Anleitung für den bunten Pullover

Rückenteil:
88/96 Maschen in Marine mit Kreuzanschlag anschlagen, 1 Rückreihe linke Maschen in Marine, dann glatt rechts im Jacquardmuster stricken. In 39/45 cm Höhe für den Halsausschnitt die mittleren 22/26 Maschen gerade, beidseitig davon in jeder 2. Reihe 1x 3 und 1x 2 Maschen abketten. In 42/48 cm Höhe die restlichen 28/30 Schultermaschen gerade abketten.

Vorderteil:
Wie das Rückenteil stricken, jedoch in 35/40 cm Höhe für den Halsausschnitt die mittleren 10/12 Maschen gerade, beidseitig davon in jeder 2. Reihe 1x 3, 2x 2 und 4x 1/5x 1 Masche abketten. In 42/48 cm Höhe die restlichen 28/30 Schultermaschen gerade abketten.

Ärmel:
38/42 Maschen in Marine mit Kreuzanschlag anschlagen, 1 Rückreihe linke Maschen in Marine, dann glatt rechts im Jacquardmuster stricken. Dabei für die Ärmelschrägungen beidseitig in jeder 4. Reihe 8x 1/10x 1 Masche und abwechselnd in jeder 2. und 4. Reihe 14x 1 Masche zunehmen = 82/90 Maschen. In 30/33 cm Höhe alle Maschen abketten. Den 2. Ärmel ebenso stricken.

Ausarbeitung:
Die Teile spannen, anfeuchten und trocknen lassen. Alle Nähte schließen und die Ärmel einnähen. Aus dem Halsausschnitt mit dem Nadelspiel oder der Rundstricknadel ca. 80/96 Maschen in Marine aufnehmen und 2 cm linke Maschen anstricken.

Strickschrift für das Jacquardmuster

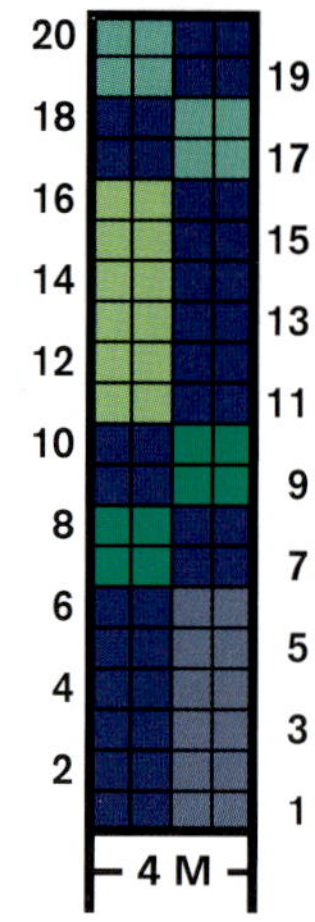

Anleitung für den marinefarbenen Pullover

Rückenteil:
88/96 Maschen in Marine anschlagen und glatt rechts stricken. In 4 cm Höhe für das doppelte Bündchen die Maschen des Anschlags auf eine dünne Hilfsnadel heben, das Teil zur Hälfte zusammenlegen und immer je 1 Masche der beiden Nadeln rechts zusammenstricken. Weiter glatt rechts in Marine stricken. In 19/23 cm Höhe die 16 Reihen Jacquardbordüre, dann wieder in Marine stricken. In 38/44 cm Höhe für den Halsausschnitt die mittleren 22/26 Maschen gerade, beidseitig davon in jeder 2. Reihe 1x 3 und 1x 2 Maschen abketten. In 40/46 cm Höhe die restlichen 28/30 Schultermaschen gerade abketten.

Vorderteil:
Wie das Rückenteil stricken, jedoch in 26/30 cm Höhe für den V-Ausschnitt die Arbeit in der Mitte teilen und beide Seiten getrennt beenden. Dabei an der Ausschnittkante in jeder 2. Reihe 12x 1/13x 1 Masche und in jeder 4. Reihe 4x 1/5x 1 Masche abneh-

men. Dafür bei der rechten Seite bis 3 Maschen vor dem Ausschnitt stricken, dann 1 Masche rechts abheben, 1 Masche rechts stricken und die abgehobene Masche überziehen; bei der linken Seite nach der Randmasche 2 Maschen rechts zusammenstricken. In 40/46 cm Höhe die restlichen 28/30 Schultermaschen gerade abketten.

Ärmel:
38/42 Maschen in Marine anschlagen und das doppelte Bündchen wie beim Rückenteil arbeiten. Weiter glatt rechts in Marine stricken, dabei für die Ärmelschrägungen beidseitig in jeder 4. Reihe 19x 1/22x 1 Masche und in jeder 2. Reihe 3x 1/2x 1 Masche zunehmen = 82/90 Maschen. In 30/33 cm Höhe alle Maschen abketten. Den 2. Ärmel ebenso stricken.

Ausarbeitung:
Die Teile spannen, anfeuchten und trocknen lassen. Alle Nähte schließen, bei Vorder- und Rückenteil die doppelten Bündchen für den Kordeldurchzug offen lassen. Die Ärmel einnähen. Aus dem Halsausschnitt mit dem Nadelspiel oder der Rundstricknadel ca. 100/116 Maschen in Marine aufnehmen und 2 cm im Bündchenmuster anstricken. Dabei in der vorderen Mitte 1 Masche rechts anordnen und in jeder Runde diese Masche mit der davor liegenden Masche zusammen rechts abheben, 1 Masche rechts stricken und die abgehobenen Maschen überziehen. Eine ca. 130 cm lange Kordel in Marine anfertigen. Die Kordel durch die Bündchen von Vorder- und Rückenteil ziehen, dabei beidseitig je einen Kordelstopper einziehen. Die Kordel zum Ring schließen.

Bunter Rippenpullover

Größe 98/104 und 122/128
Die abweichenden Angaben für die größere Größe stehen jeweils hinter dem Schrägstrich.

Material

- *Schachenmayr Favorit (35% Baumwolle, 35% Polyacryl, 30% Viskose, LL ca. 135 m/50 g), 250/300 g in Marine (Fb 50), 100 g in Blau (Fb 51) und je 50/100 g in Petrol (Fb 62), Apfelgrün (Fb 75) und Türkis (Fb 60)*
- *Stricknadeln Nr. 4,5–5*
- *Rundstricknadel Nr. 4,5–5 (40 cm lang)*

Strickmuster

Bündchenmuster:
1 Masche rechts, 1 Masche links im Wechsel stricken.
Kraus rechts:
Jede Reihe rechts stricken.
Glatt links:
Hinreihen linke Maschen, Rückreihen rechte Maschen.
Grundmuster:
Das Muster wird mit doppeltem Faden gestrickt. Maschen-Zahl teilbar durch 4 + 1 + 2 Randmaschen.
1. Reihe: Randmasche, 2 Maschen links, * 1 Umschlag, 1 Masche rechts, 3 Maschen links, ab * wiederholen, 1 Umschlag, 1 Masche rechts, 2 Maschen links, Randmasche.
2. Reihe: Randmasche, 2 Maschen rechts, * 1 Masche links abheben, den Umschlag fallen lassen und die Maschen lang ziehen, 3 Maschen rechts, ab * wiederholen, * 1 Masche links abheben, den Umschlag fallen lassen und die Maschen lang ziehen, 2 Maschen rechts, Randmasche.
Die 1. und 2. Reihe stets wiederholen.
Farbfolge:
Je 4 Reihen mit Marine und Petrol, mit Marine und Apfel, mit Marine und Türkis, mit Marine und Blau.

Maschenprobe

Mit doppeltem Faden im Grundmuster: 18 Maschen und 26 Reihen = 10 cm x 10 cm.
Mit doppeltem Faden glatt links: 17 Maschen und 26 Reihen = 10 x 10 cm

Anleitung

Rückenteil:
71/79 mit Marine und Blau bzw. mit Marine und Pink anschlagen und 2 cm im Bündchenmuster stricken, die 1. Rückreihe beginnen mit Randmasche, 1 Masche links. Weiter im Grundmuster arbeiten. In 38/44 cm Höhe (nach 94/108 Reihen ab Bündchen) für den Halsausschnitt die mittleren 17 Maschen gerade, beidseitig davon in jeder 2. Reihe 2x 2 Maschen abketten. In 40/46 cm Höhe (nach 100/114 Reihen ab Bündchen) die restlichen 23/27 Schultermaschen abketten.

Vorderteil:
Wie das Rückenteil stricken, jedoch in 34/40 cm Höhe (nach 84/100 Reihen ab Bündchen) für den Halsausschnitt die mittleren 11 Maschen gerade, beidseitig davon in jeder 2. Reihe 2x 2 und 3x 1 Masche abketten. In 40/46 cm Höhe die restlichen 23/27 Schultermaschen abketten.

Ärmel:
35/39 Maschen mit Marine und Blau bzw. mit Marine und Pink anschlagen und 2 cm im Bündchenmuster stricken, die 1. Rückreihe beginnen mit Randmasche, 1 Masche links. Weiter im Grundmuster arbeiten, dabei für die Ärmelschrägungen beidseitig abwechselnd in jeder 4. und 6. Reihe 8x 1 Masche und in jeder 4. Reihe 6x 1/10x 1 Masche zunehmen = 63/75 Maschen. In 28/34 cm Höhe (nach 68/84 Reihen ab Bündchen) alle Maschen abketten. Den 2. Ärmel ebenso stricken.

Ausarbeitung:
Die Teile spannen, anfeuchten und trocknen lassen. Alle Nähte schließen und die Ärmel einnähen. Aus dem Halsausschnitt mit der Rundstricknadel ca. 64 Maschen mit Marine und Blau aufnehmen, 1 Runde linke Maschen und 8 Runden rechte Maschen stricken, dann die Maschen abketten.

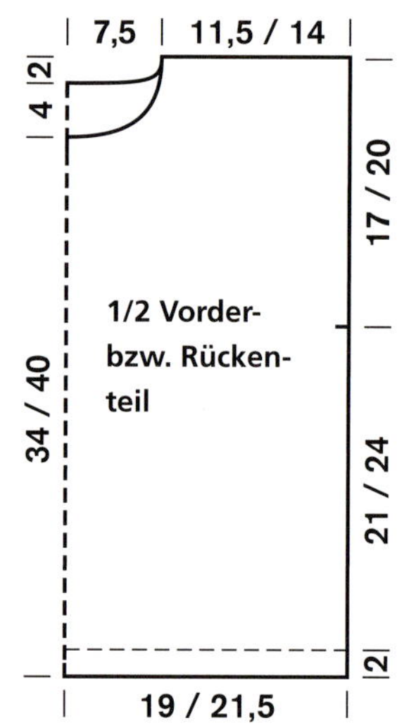

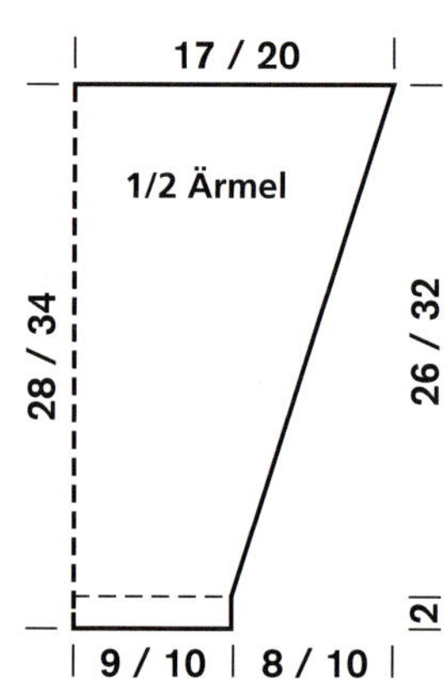

Jeanspulli mit Poloausschnitt

Größe 98/104 und 122/128
Die abweichenden Angaben für die größere Größe stehen jeweils hinter dem Schrägstrich.

Material

- *Schachenmayr Blue Jeans (100% Baumwolle, LL ca. 125 m/50 g), 350/450 g in Blue (Fb 51)*
- *Stricknadeln Nr. 3–3,5*
- *Rundstricknadel Nr. 3–3,5 (40 cm lang)*
- *Häkelnadel Nr. 3*

Strickmuster

Bündchenmuster:
1 Masche rechts, 1 Masche links im Wechsel stricken.

Strukturmuster:
Siehe Strickschrift. Es ist jede Reihe gezeichnet, 1 Kästchen = 1 Masche. Die Hinreihen von rechts nach links, die Rückreihen von links nach rechts lesen. Die 1. bis 8. Reihe stets wiederholen.

Maschenprobe

26 Maschen und 34 Reihen = 10 cm x 10 cm

Anleitung

Rückenteil:
92/108 Maschen anschlagen und 2 cm im Bündchenmuster stricken. In der letzten Rückreihe verteilt 3 Maschen zunehmen = 95/111 Maschen. Weiter im Strukturmuster arbeiten: Randmasche, 11x/13x den Rapport von 8 Maschen, die letzten 5 Maschen der Zeichnung, Randmasche. In 22,5/26,5 cm Höhe (nach 70/84 Reihen ab Bündchen) für die Armausschnitte beidseitig in jeder 2. Reihe abwechselnd 1x 2 und 1x 1 Masche, insgesamt 9 Maschen abketten = 77/93 Ma-

schen. In 37,5/44,5 cm Höhe (nach 122/146 Reihen ab Bündchen) für den Halsausschnitt die mittleren 23 Maschen gerade, beidseitig davon in jeder 2. Reihe 1x 3 und 1x 2 Maschen abketten. In 39,5/46,5 cm Höhe (nach 128/152 Reihen ab Bündchen) die restlichen 22/30 Schultermaschen abketten.

Vorderteil:
Wie das Rückenteil stricken, jedoch in 29/34 cm Höhe (nach 92/108 Reihen ab Bündchen) für den Schlitz die Mittelmaschen verdoppeln, hier die Arbeit teilen und beide Seiten getrennt beenden. Bei der linken Hälfte nach der neuen Randmasche 2 Maschen glatt rechts (Hinreihe rechte Maschen, Rückreihe linke Maschen) und 1 Masche glatt links (Hinreihe linke Maschen, Rückreihe rechte Maschen) stricken, dann 1 Masche links verschränkt aus dem Querfaden stricken und diese Masche ebenfalls glatt links stricken, dann noch 2 Maschen glatt rechts und die übrigen Maschen weiter im Grundmuster stricken, bei der rechten Hälfte gegengleich arbeiten = 40/48 Maschen je Seite. In 34,5/40,5 cm Höhe (nach 110/132 Reihen ab Bündchen) an der Schlitzkante 1x 7 Maschen stilllegen, dann in jeder 2. Reihe 1x 3, 2x 2 und 4x 1 Masche abketten.
In 39,5/46,5 cm Höhe die restlichen 22/30 Schultermaschen abketten.

Ärmel:
44/52 Maschen anschlagen und 2 cm im Bündchenmuster stricken. In der letzten Rückreihe verteilt 3 Maschen zunehmen = 47/55 Maschen. Weiter im Strukturmuster arbeiten: Randmasche, 5x/6x den Rapport von 8 Maschen, die letzten 5 Maschen der Strickschrift, Randmasche. Dabei für die Ärmelschrägungen beidseitig in jeder 4. Reihe 22x 1 Masche/in jeder 6. Reihe 2x 1 Masche und in jeder 4. Reihe 24x 1 Masche zunehmen = 91/107 Maschen. In 29/35 cm Höhe (nach 92/112 Reihen ab Bündchen) beidseitig in jeder 2. Reihe abwechselnd 1x 2 und 1x 1 Masche, insgesamt 9 Maschen, dann die restlichen 73/89 Maschen abketten. Gesamthöhe = 32,5/38,5 cm.
Den 2. Ärmel ebenso stricken.

Ausarbeitung:
Die Teile spannen, anfeuchten und trocknen lassen. Alle Nähte schließen und die Ärmel einnähen. Aus dem Halsausschnitt mit der Rundstricknadel die je 7 stillgelegten Maschen und dazwischen ca. 93/103 Maschen aufnehmen = 107/117 Maschen und im Bündchenmuster stricken, die 1. Rückreihen beginnen mit Randmasche, 1 Masche rechts. In 6 cm Höhe alle Maschen abketten. Auf die vorderen Kragenränder 1 Reihe Kettmaschen häkeln.

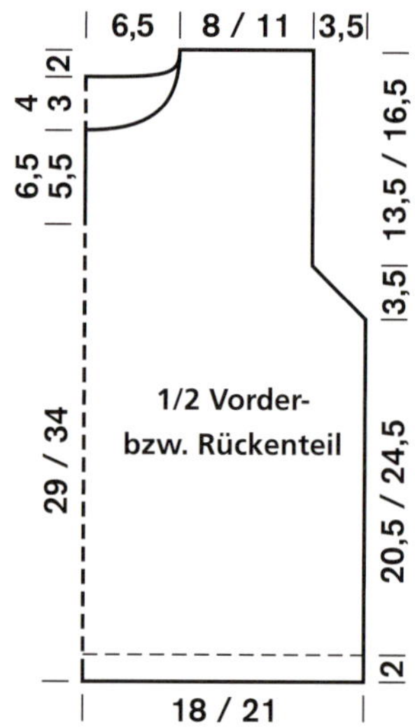

Strickschrift für das Strukturmuster

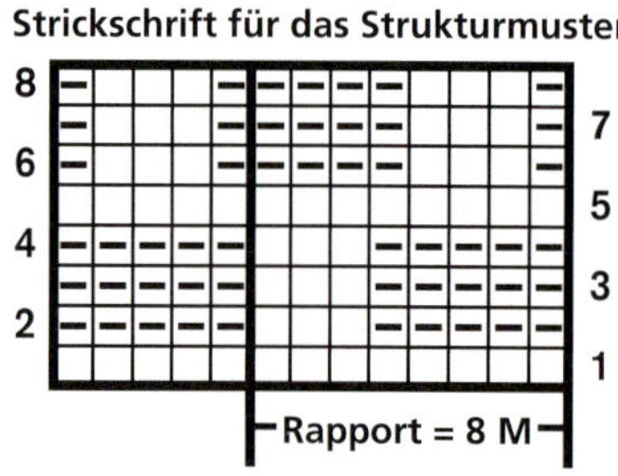

Zeichenerklärung
☐ = Hinreihe rechte Maschen, Rückreihe linke Maschen
⊟ = Hinreihe linke Maschen, Rückreihe rechte Maschen

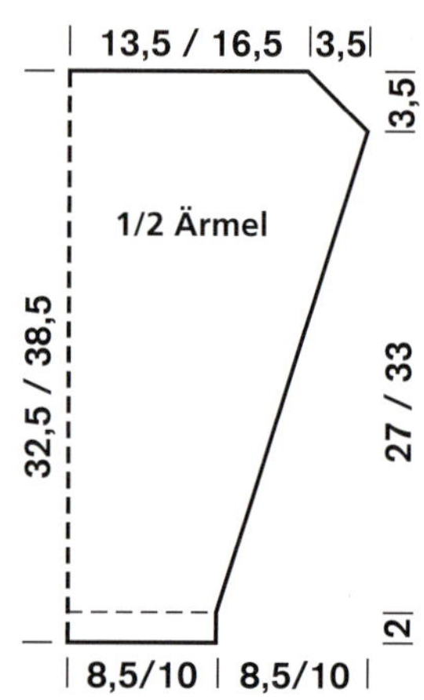

Jeanspulli mit V-Ausschnitt

Größe 98/104 und 122/128
Die abweichenden Angaben für die größere Größe stehen jeweils hinter dem Schrägstrich.

Material

- *Schachenmayr Blue Jeans (100% Baumwolle, LL ca. 125 m/50 g), 350/450 g in Bleached (Fb 52)*
- *Stricknadeln Nr. 3–3,5*
- *Rundstricknadel Nr. 3–3,5 (40 cm lang)*

Strickmuster

Glatt rechts:
Hinreihe rechte Maschen, Rückreihe linke Maschen, in Runden nur rechte Maschen stricken.
Strukturmuster:
Siehe Strickschrift. Es sind nur die Hinreihen gezeichnet, in den Rückreihen die Maschen stricken, wie sie erscheinen. Die 1. bis 12. Reihe stets wiederholen.

Maschenprobe

Im Strukturmuster: 26 Maschen und 38 Reihen = 10 cm x 10 cm

Anleitung

Rückenteil:
98/114 Maschen anschlagen und für den Rollrand 2 cm glatt rechts stricken. Weiter im Strukturmuster arbeiten: Randmasche, 12x/14x den Rapport von 8 Maschen, Randmasche. In 35,5/40 cm Höhe (nach 128/144 Reihen ab Rollrand) für die Schultern beidseitig in jeder 2. Reihe 1x 8 und 3x 7/1x 10 und 3x 9 Maschen abketten, dann die restlichen 40 Maschen für den Halsausschnitt stilllegen.

Vorderteil:
Wie das Rückenteil stricken, jedoch in 26/30,5 cm Höhe (nach 92/108 Reihen ab Rollrand) für den Halsausschnitt die Arbeit in der Mitte teilen und beide Seiten über 49/57 Maschen getrennt beenden. Dabei an der Ausschnittschrägung beidseitig in jeder 2. Reihe 20x 1 Masche abketten. In 35,5/40 cm Höhe die Schultern wie beim Rückenteil stricken.

Ärmel:
42/50 Maschen anschlagen und für den Rollrand 2 cm glatt rechts stricken. Weiter im Strukturmuster arbeiten: Randmasche, 5x/6x den Rapport von 8 Maschen, Randmasche. Dabei für die Ärmelschrägungen beidseitig abwechselnd in jeder 4. und 6. Reihe 12x 1/10x 1 Masche und in jeder 4. Reihe 12x 1/18x 1 Masche zunehmen = 90/106 Maschen. In 31/35 cm Höhe (nach 110/126 Reihen ab Rollrand) beidseitig 1x 35/1x43 Maschen abketten. Über die restlichen 20 Maschen für die Schulterpasse noch 10,5/13,5 cm (40/52 Reihen)

gerade hoch stricken, dann die Randmasche abketten und die restlichen 18 Maschen stilllegen. Den 2. Ärmel ebenso stricken.

Ausarbeitung:
Die Teile spannen, anfeuchten und trocknen lassen. Zunächst die Schulterpassen an Vorder- und Rückenteil nähen, dann die Ärmel annähen und Seiten- und Ärmelnähte schließen. Aus dem Halsausschnitt für den Rollrand mit der Rundstricknadel die stillgelegten je 18 Maschen der Schulterpassen sowie die 40 Maschen des rückwärtigen Halsausschnitts aufnehmen, dann aus dem vorderen Halsausschnitt noch 67 Maschen dazu aufnehmen = 143 Maschen, 1 Runde linke Maschen und 2 cm rechte Maschen anstricken. Die Blende in der vorderen Mitte nach außen gerollt leicht befestigen.

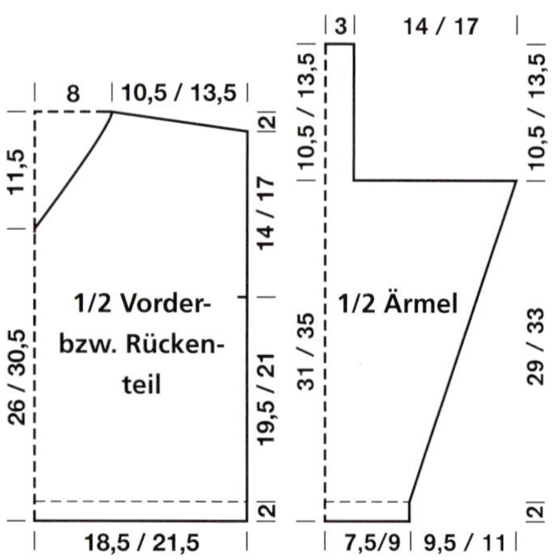

Strickschrift für das Strukturmuster

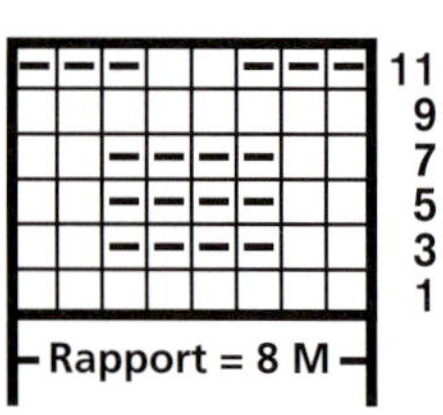

Zeichenerklärung
☐ = 1 Masche rechts
⊟ = 1 Masche links

Heiße Socken für coole Kids

Grundanleitung für perfekte Socken

Bündchen:
Die Maschen anschlagen und gleichmäßig auf 4 Nadeln verteilen (Zeile 1 der Tabelle) und in Runden stricken. Rundenwechsel ist in der rückwärtigen Mitte, also zwischen der 4. und der 1. Nadel. Nun im Wechsel nach Wunsch je 1 oder 2 Maschen rechts und links in der gewünschten Höhe stricken oder auch einen Rollrand arbeiten. Weiter den Schaft im angegebenen Muster in der gewünschten Höhe arbeiten.

Ferse:
Die Maschen der 2. und 3. Nadel stilllegen und nur über die Maschen der 1. und 4. Nadel (Zeile 2 der Tabelle) in Reihen die Fersenwand arbeiten. Nach Wunsch die ersten und letzten 2 bis 3 Maschen kraus rechts stricken (die dabei entstehenden Rippen erleichtern das Zählen der Reihen). In der Höhe 2 Reihen weniger arbeiten, als Maschen auf den 2 Nadeln sind (Zeile 3 der Tabelle).

Käppchen:
Die Maschen in drei Teile teilen (Zeile 4 der Tabelle). In der nächsten Hinreihe bis vor die letzte Masche des Mittelteils rechts stricken. * Die letzte Masche des Mittelteils wie zum Rechtsstricken abheben, die nächste Masche des Außenteils rechts stricken und die abgehobene Masche überziehen, wenden. Die 1. Masche des Mittelteils links abheben (der Faden ist vor der Masche) und bis vor die letzte Masche des Mittelteils stricken, dann diese Masche mit der folgenden Masche des Seitenteils links zusammenstricken, wenden. Die 1. Käppchenmasche links abheben (der Faden ist hinter der Masche), dann bis vor die letzte Käppchenmasche stricken. Diese Abnahmen ab * wiederholen, bis alle Maschen der Seitenteile aufgebraucht und nur noch die Käppchenmaschen übrig sind.

Maschenaufnahme Fersenrand:
Nun wieder über alle Maschen in Runden stricken. Zunächst die Käppchenmaschen abstricken und die Maschen wieder auf 2 Nadeln verteilen. Dann aus der Seitenkante des Fersenrands aus 2 Reihen je 1 Masche herausstricken (z. B. bei 16 Fersenreihen 8 Maschen aufnehmen); danach aus dem Querfaden zwischen der 1. und 2. Nadel 1 Masche rechts verschränkt aufnehmen (Zunahme insgesamt 9 Maschen, Zeile 5 der Tabelle). Die Maschen der 2. und 3. Nadel abstricken, dann wieder aus dem Querfaden 1 Masche rechts verschränkt und bei der Fersenwand aus jeder 2. Reihe 1 Masche herausstricken. Auf der 1. und 4. Nadel sind nun mehr Maschen als auf der 2. und 3. Nadel.

Spickel:
Die zusätzlichen Maschen der 1. und 4. Nadel werden für den

Spickel wieder abgenommen. Dafür in der folgenden 2. Runde bei der 1. Nadel die 2. und 3. letzte Masche rechts zusammenstricken und die letzte Masche rechts stricken; die Maschen der 2. und 3. Nadel stricken und bei der 4. Nadel die 1. Masche stricken, dann 1 Masche rechts abheben, 1 Masche rechts stricken und die abgehobene Masche überziehen. Diese Abnahmen in jeder 3. Runde wiederholen, bis wieder gleich viele Maschen auf allen Nadeln sind.

Fuß:
Glatt rechts oder im entsprechenden Muster (ein Muster wird meist nur für den Oberfuß über die Maschen der 2. und 3. Nadel gestrickt, die Maschen der 1. und 4. Nadel für die Sohle rechts) die benötigte Länge stricken (Zeile 6 der Tabelle).

Bandspitze:
Bei der 1. und bei der 3. Nadel jeweils bis 3 Maschen vor Ende der Nadel stricken, dann 2 Maschen rechts zusammenstricken und die letzte Masche stricken. Bei der 2. und der 4. Nadel jeweils die 1. Masche stricken, die 2. Masche rechts abheben, 1 Masche rechts stricken und die abgehobene Masche überziehen. Diese Abnahmen in jeder 3. Runde, bzw. in jeder 2. Runde oder in jeder Runde wiederholen, wie in der Tabelle, Zeile 7, angegeben. Zum Schluß sind noch insgesamt 8 Maschen auf den Nadeln; diese Maschen mit dem Arbeitsfaden fest zusammenziehen.

Material und Nadeln
Die Socken sind mit Regia 4fädig (75% Schurwolle, 25% Polyamid, LL ca. 210 m/50 g) und Nadelstärke Nr. 2–3 bzw. mit Regia 8fädig (75% Schurwolle, 25% Polyamid, LL ca. 100 m/50 g) und Nadelstärke Nr. 4–5 gearbeitet.

Maschenprobe
Regia 4fädig: 30 Maschen und 42 Reihen/Runden = 10 cm x 10 cm
Regia 8fädig: 20 Maschen und 28 Reihen/Runden = 10 cm x 10 cm
Diese Maschenproben gelten für glatt rechts Gestricktes und für kleine Strukturmuster und sind in den Anleitungen nicht weiter erwähnt. Abweichende Maschenproben sind gesondert angegeben.
Die Ringelsocken von Seite 60 sind jeweils mit 2 Fäden Regia 4fädig gearbeitet. Dies entspricht der Fadenstärke/Maschenprobe von Regia 8fädig!

Die vorgestellten Socken sind in der abgebildeten Größe beschrieben. Sie können sie jedoch in allen gewünschten Größen arbeiten. Die nötigen Angaben dazu finden Sie in den Tabellen.

Größentabelle für Socken aus Regia 4fädig
Maschenprobe: Mit Nadeln Nr. 2–3 glatt rechts:
30 Maschen und 42 Reihen/Runden = 10 cm x 10 cm.

Größe	22/23	24/25	26/27	28/29	30/31	32/33	34/35	36/37
1. Maschenanschlag/M-Zahl je Nd	44/11	48/12	48/12	52/13	52/13	56/14	56/14	60/15
2. Maschenzahl für Fersenbreite	22	24	24	26	26	28	28	30
3. Reihenzahl für Fersenhöhe	20	22	22	24	24	26	26	28
4. Maschenzahl für Käppchen	7/8/7	8/8/8	8/8/8	8/10/8	8/10/8	9/10/9	9/10/9	10/10/10
5. Maschenaufnahme beidseitig	11	12	12	13	13	14	14	15
6. Fußlänge von Fersenmitte bis Spitze in cm	11,5	12,5	14	14	15,5	17	18	18,5
7. Abnahme für Bandspitze nach der 1. Abnahme in der 4. Rd.								1x
in jeder 3. Rd.	1x	1x	1x	2x	2x	2x	2x	2x
in jeder 2. Rd.	3x	3x	3x	3x	3x	3x	3x	3x
in jeder Rd.	4x	5x	5x	5x	5x	6x	6x	6x
Gesamte Fußlänge in cm	14,5	15,5	17	18	19,5	21	22	23,5

Größentabelle für Socken aus Regia 8fädig bzw. 2 Fäden Regia 4fädig
Maschenprobe: Mit Nadeln Nr. 4–5 glatt rechts:
20 Maschen und 28 Reihen/Runden = 10 cm x 10 cm.

Größe	22/23	24/25	26/27	28/29	30/31	32/33	34/35	36/37
1. Maschenanschlag/M-Zahl je Nd	28/7	32/8	32/8	36/9	36/9	40/10	40/10	44/11
2. Maschenzahl für Fersenbreite	14	16	16	18	18	20	20	22
3. Reihenzahl für Fersenhöhe	12	14	14	16	16	18	18	20
4. Maschenzahl für Käppchen	4/6/4	5/6/5	5/6/5	6/6/6	6/6/6	6/8/6	6/8/6	7/8/7
5. Maschenaufnahme beidseitig	7	8	8	9	9	10	10	11
6. Fußlänge von Fersenmitte bis Spitze in cm	12	13	13,5	14	15,5	17	18	19
7. Abnahme für Bandspitze nach der 1. Abnahme in der 3. Rd.			1x	1x	1x	1x	1x	1x
in jeder 2. Rd.	2x	2x	2s	2x	3x	3x	3x	3x
in jeder Rd.	2x	3x	2x	3x	2x	3x	3x	4x
Gesamte Fußlänge in cm	14,5	15,5	17	18	19,5	21	22	23,5

① Ringelsocken
mit doppeltem Faden

Größe 28/29

Material

- Regia 4fädig, 50 g in Buntmeliert (Ringelcolor Fb 5048) und 50 g in Gelb (Fb 612)
- Nadelspiel Nr. 4–5
- Häkelnadel Nr. 4–5

Strickmuster

Glatt rechts:
Hinreihe rechte Maschen, Rückreihe linke Maschen, in Runden nur rechte Maschen mit je 1 Faden in Gelb und Meliert stricken.

Schlingen:
Feste Maschen mit Schlingen

häkeln, dafür vor dem Durchholen des Fadens durch die folgende Masche zuerst den Faden um den Mittelfinger oder um ein 1,5 cm breites Stäbchen legen, dann die feste Masche häkeln. Die Schlingen erscheinen auf der Rückseite!

Anleitung

36 Maschen mit je 1 Faden in Gelb und Meliert anschlagen, 1 Runde linke Maschen, dann glatt rechts stricken. In 9 cm Höhe Ferse und Fuß arbeiten. Auf den Anschlagrand 3 Runden Schlingen mit 3 Fäden (1 Faden in Gelb und 2 Fäden in Meliert) häkeln. Jede Runde beginnt mit 1 Luftmasche und endet mit 1 Kettmasche in diese Luftmasche.

② Socken mit Pünktchenmuster

Größe 24/25

Material

- *Regia 4fädig, ca. 25 g in Violett (Fb 1257), je ca. 20 g in Türkis (Fb 1255), Pink (Fb 1258), Orange (Fb 1259) und Gelb (Fb 612)*
- *Nadelspiel Nr. 4–5*
- *Häkelnadel Nr. 4–5*

Strickmuster

Glatt rechts:
Hinreihen rechte Maschen, Rückreihen linke Maschen, in Runden nur rechte Maschen mit je 2 Fäden in den jeweiligen Farben stricken.

Pünktchenmuster:
Glatt rechts je 1 Masche in den angegebenen Farben stricken, in der 2. Runde die Farben versetzt arbeiten.

Schlingen:
Siehe Ringelsocken.

Anleitung

32 Maschen mit 2 Fäden in Violett anschlagen und glatt rechts 4 Runden in Violett, 2 Runden Pünktchenmuster (= P-Muster) in Violett und Türkis, 3 Runden in Türkis, 2 Runden P-Muster in Türkis und Pink, 3 Runden in Pink, 2 Runden P-Muster in Pink und Orange, 3 Runden in Orange, 2 Runden P-Muster in Orange und Gelb, 3 Runden in Gelb, 2 Runden P-Muster in Gelb und Türkis = 26 Runden (ca. 9 cm) stricken. Nun die Ferse in Türkis stricken. Dann weiter für den Fuß die Streifenfolge gegengleich stricken, mit 3 Runden in Gelb beginnen. Nach 3 Runden in Violett noch 2 Runden P-Muster in Violett und Pink stricken, dann die Spitze in Pink arbeiten. Auf den Anschlagrand 2 Runden Schlingen mit 3 Fäden häkeln, die 1. Runde mit Gelb, Orange und Pink und die 2. Runde mit Pink, Türkis und Violett. Jede Runde beginnt mit 1 Luftmasche und endet mit 1 Kettmasche in diese Luftmasche

Jacquardmuster

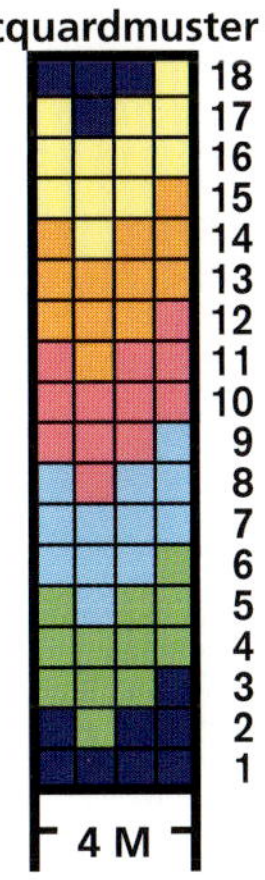

③ Socken mit Zickzackmuster

Größe 26/27

Material

- *Regia 4fädig, je ca. 25 g in Pink (Fb 1258) und Orange (Fb 1259), je ca. 20 g in Grün (Fb 1254), Türkis (Fb 1255) und Violett (Fb 1257) und ca. 10 g in Gelb (Fb 612)*
- *2 Nadelspiele Nr. 4–5*

Strickmuster

Glatt rechts:
Hinreihen rechte Maschen, Rückreihen linke Maschen, in Runden nur rechte Maschen mit je 2 Fäden in den jeweiligen Farben stricken.

Jacquardmuster:
Glatt rechts nach dem Zählmuster arbeiten. Die 1. bis 18. Runde stets wiederholen.

Anleitung

32 Maschen mit 2 Fäden in Pink locker anschlagen und für den 1. Rollrand 11 Runden glatt rechts stricken, dann die Maschen stilllegen. Für den 2. Rollrand 32 Maschen mit 2 Fäden in Orange anschlagen und 9 Runden glatt rechts stricken.
Den 2. Rollrand über den ersten ziehen und in Orange immer je 1 Masche der vorderen und der hinteren Nadel rechts zusammenstricken. Glatt rechts im Jacquardmuster weiterarbeiten. Nach 18 Runden (ca. 6,5 cm Höhe) die Ferse in Orange, dann weiter im Jacquardmuster stricken. Die Spitze in Pink arbeiten.

④ Socken
mit Jacquardmuster

Größe 30/31

Material

- *Regia 4fädig, 50 g in Buntmeliert (Ringelcolor, Fb 5048) und je 10 g in Grün (Fb 1254), Türkis (Fb 1255), Pink (Fb 1258), Orange (Fb 1259), Gelb (Fb 612) und Blau (Fb 540)*
- *Nadelspiel Nr. 4–5*
- *Häkelnadel Nr. 4–5*

Strickmuster

Glatt rechts:
Hinreihe rechte Maschen, Rückreihe linke Maschen, in Runden nur rechte Maschen mit je 2 Fäden in den jeweiligen Farben stricken.
Beim melierten Garn beide Fäden von der äußeren Seite des Knäuels nehmen und mit dem gleichen Farbrapport beginnen, damit der Ringel-Effekt erhalten bleibt.
Kraus rechts:
1 Runde linke Maschen und 1 Runde rechte Maschen im Wechsel stricken.
Jacquardmuster:
Glatt rechts nach den Zählmustern A bzw. B arbeiten.
Pünktchenmuster:
Glatt rechts je 1 Masche in den jeweiligen Farben stricken, das Muster in jeder Runde versetzt arbeiten.

Anleitung

36 Maschen mit 2 Fäden in Meliert anschlagen und 11 Runden kraus rechts stricken. Glatt rechts weiter 7 Runden in Meliert, 11 Runden Jacquardmuster A, 4 Runden in Meliert = 8 cm Höhe ab krausem Rand. Nun die Ferse in Meliert stricken. Weiter für den Fuß 7 Runden in Meliert, dann über die Maschen der 2. und 3. Nadel 11 Runden Jacquardmuster B und über die Maschen der 1. und 4. Nadel im Pünktchenmuster arbeiten. Den Fuß in Meliert beenden.
Auf die Innenseite des Anschlags mit doppeltem Faden Meliert 1 Runde feste Maschen mit Schlingen häkeln. Dafür den Faden in der rückwärtigen Mitte ansetzen und 1 Luftmasche häkeln. Dann * vor der folgenden Maschen ein- und dahinter ausstechen. Für die Schlinge den Faden um den Mittelfinger der linken Hand legen, den Faden aufnehmen und durchziehen, dann den Faden durch beide auf der Nadel liegende Schlingen ziehen, ab * wiederholen. Die nächste Einstichstelle ist die Ausstichstelle der letzten festen Masche. Den Rand zur Hälfte nach außen umschlagen und eventuell leicht befestigen.

Jacquardmuster A

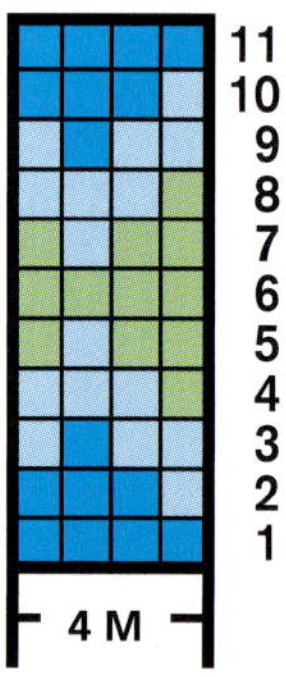

Jacquardmuster B

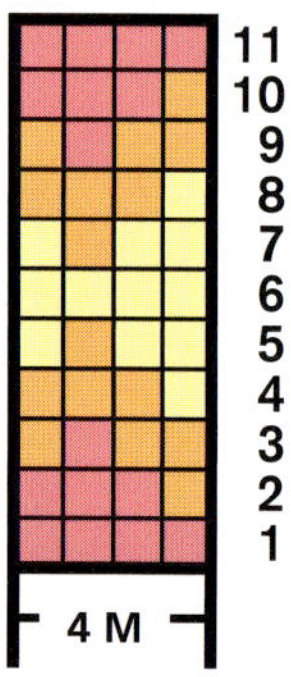

Socken
mit Pompons

Größe 30/31

Material

- *Regia 4fädig*
- *ca. 30 g in Blaumeliert (Ringelcolor, Fb 5148) und in Türkis (Fb 1266) und 10 g in Mint (Fb 622)*
- *Nadelspiel Nr. 2–3*

Strickmuster

Glatt rechts:
Hinreihe rechte Maschen, Rückreihe linke Maschen, in Runden nur rechte Maschen stricken.
Bündchenmuster:
1 Masche rechts, 1 Masche links im Wechsel stricken.

Anleitung

52 Maschen in Türkis anschlagen und 18 cm im Bündchenmuster stricken. Dann glatt rechts die Ferse in Mint, den Fuß in Meliert und die Spitze in Türkis arbeiten. Ca. 7 cm des Schafts nach außen umschlagen. 2 kleine Pompons in Mint anfertigen. Die Pomponmitte mit 3 Fäden abbinden, dann mit diesen Fäden einen ca. 3 cm langen Zopf flechten und diesen an die rückwärtige Sockenmitte nähen.

Socken mit Rollrändern

Größe 34/35

Material

- *Regia 4fädig, 50 g in Grünmeliert (Ringelcolor, Fb 5072) und 15 g in Mint (Fb 622)*
- *2 Nadelspiele Nr. 2–3*

Strickmuster

Glatt rechts:
Hinreihe rechte Maschen, Rückreihe linke Maschen, in Runden nur rechte Maschen stricken.

Anleitung

Für den ersten Rollrand 56 Maschen in Meliert locker anschlagen und 14 Runden glatt rechts stricken, dann die Maschen stilllegen. Für den 2. Rollrand 56 Maschen in Mint anschlagen und 12 Runden glatt rechts stricken. Den 2. Rollrand über den ersten ziehen und in Meliert immer je 1 Masche der vorderen und der hinteren Nadel rechts zusammenstricken.
Glatt rechts weiter in Meliert 8 cm stricken, dann die Ferse in Mint, den Fuß in Meliert und die Spitze in Mint arbeiten.

Socken mit Strukturmuster

Größe 30/31

Material

- *Regia 4fädig, ca. 60 g in Blau (Fb 1988)*
- *Nadelspiel Nr. 2–3*

Strickmuster

Glatt rechts:
Hinreihe rechte Maschen, Rückreihe linke Maschen, in Runden nur rechte Maschen stricken.
Strukturmuster:
2 Maschen rechts, 2 Maschen links im Wechsel stricken, das Muster nach jeweils 3 Runden versetzt arbeiten.
Bündchenmuster:
2 Maschen rechts, 2 Maschen links im Wechsel stricken.

Anleitung

52 Maschen anschlagen, 8 cm im Bündchenmuster und 8 cm im Strukturmuster stricken. Dann die Ferse glatt rechts stricken und weiter für den Fuß über die Maschen der 1. und 4. Nadel glatt rechts, über die Maschen der 2. und 3. Nadel im Strukturmuster stricken. Die Spitze glatt rechts stricken. Das Bündchen zur Hälfte nach außen umschlagen.

Impressum

Bezugsquellen

Strickgarn
Coats GmbH/Schachenmayr
Eduartstraße 44
73084 Salach

Teddyaugen
Pracht Creatives Hobby
Wiesenstr. 9
87600 Kaufbeuren

Knöpfe
SECO-Accessoires GmbH
Postfach 13 63
95635 Tirschenreuth

Union Knopf GmbH
Postfach
33687 Bielefeld

Lederschließe und Hühner-Pins
Walter Fellmann GmbH
Postfach 10 14 62
70013 Stuttgart

Die Deutsche Bibliothek – CIP-Einheitsaufnahme
Ein Titeldatensatz für diese Publikation ist bei Der Deutschen Bibliothek erhältlich.

Fotografie: Annette Hempfling, München
Lektorat: Petra Puster
Umschlagkonzeption: Kontrapunkt, Kopenhagen
Satz und Layout: Petra Pawletko, Augsburg
Herstellung und Umschlaglayout: Charmaine Müller

Augustus Verlag München 2000

Reproduktion: Typework, Augsburg
Druck und Bindung: Appl, Wemding

Gedruckt auf 115 g umweltfreundlich elementar chlorfrei gebleichtes Papier.

ISBN 3-8043-0821-X

Printed in Germany